層

会を考える

〔目次〕

Contents

第一章 インダス文明：ネットワーク都市――中央集権的文明観を覆す（長田俊樹） 2

第二章 新世界最大の古代都市テオティワカン：英知の集積としての都市（杉山三郎） 26

第三章 水都ヴェネツィア：交易都市から文化都市へ（陣内秀信） 50

第一章

Chapter 1

インダス文明：ネットワーク都市——中央集権的文明観を覆す

長田俊樹

◎「大河文明」は本当か?——広大なインダス文明

古代から今日まで、都市文明を形作ってきた基層は何か、ということについて考えるのが本書の主題です。そこでまず、人類が作った最初の都市文明の一つとされているインダス文明について、そもそもどういうものだったのか、そしてインダスの都市はどのようにできたのか、考えてみたいと思います。

一般に、インダス文明と言えば四大古代文明の一つということになっています。そして四大古代文明（エジプト文明、メソポタミア文明、インダス文明、黄河（中国）文明）は、それぞれが大河周辺で最初に生まれた、と学校の教科書には載っています。エジプト文明はナイル川、メソポタミア文明はチグリス・ユーフラテス川、黄河文明は黄河、インダス文明の場合、よく知られたインダス川とともに、サラスヴァティー川（ガッガル・ハークラー川）という川があって、この二つの大河によってインダス文明ができていたと言われることが少なくありません。果たしてそれは本当なのか。考えていく前に、まずインダス文明についての、基本的なデータを整理しておきましょう。

インダス文明の遺跡は非常に広大なところに分布しています。南北約一八〇〇キロ、東西約一五〇〇キロと言いますから、その広さは日本がすっぽり入ってしまうほどです。ここに、最新のデータでは約二六〇〇の遺跡群があるとされています。もっとも一九九〇年代までは一〇〇〇遺跡くらいだと言われていて、その一〇〇〇遺跡の分布を示したのが**図1**です。これは考古学者ポーセルの遺跡情報の一覧表を、地理情報システム（ＧＩＳ）によって地図化したものです。一つの点が一つの遺跡を表しています。いかに広く分布しているか、よくわかります。

インダス文明の都市遺跡と言えば、早くから発掘されたモヘンジョダロとハラッパーが有名ですが、最近はこれに加えて、ドーラーヴィーラー遺跡、ラーキーガリー遺跡、ガンウェリワーラー遺跡という三つの遺跡が加わって、五大都市と考えられています。ハラッパーとモヘンジョダロは今のパキスタン領内にあって六〇〇キロメートルくらい離れていますが、その間にガンウェリワーラー遺跡があり、それよりずっと東、今日のインド領内にラーキーガリー遺跡、またずっと南、グジャラート州（インド）の海岸沿いにドーラーヴィーラー遺跡があって、この五つで五大都市ということです。

また最近、モヘンジョダロの近くに大きな遺跡（ラケンジョダロ）が見つ

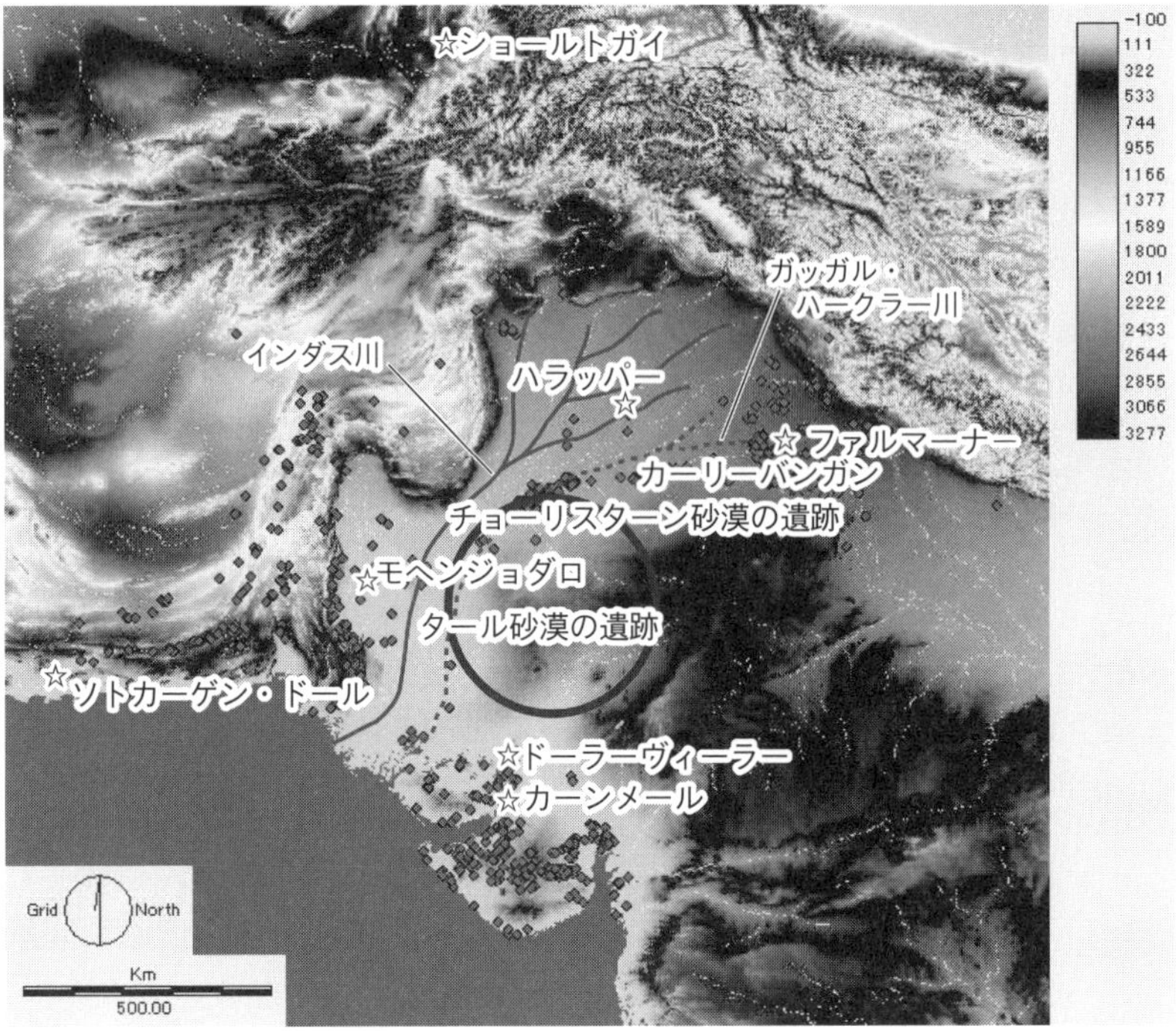

図1　インダス文明の遺跡分布。

図2　インダス文字とインダス印章。

かったと言われています。詳細はまだ明らかになってはいませんが、モヘンジョダロからは三〇～四〇キロメートルくらいしか離れていないところで、今後も発掘が進むと、まだまだ大きな遺跡が見つかりそうです。

◎インダス文字とインダス印章

インダス文明で有名なものと言えば、インダス文字とインダス印章です(**図2**)。印章は上側に文字が並び、下側に動物柄があるのが基本ですが、この文字はいまだに解読されていません。もう一つ、**図3**の神官王と呼ばれている出土品があり、特に「踊り子」と言われている二つの出土品が有名です。

インダス文明の盛衰については諸説あって、まず年代について、一時期は紀元前二五〇〇～一五〇〇年と言われ、ウィキペディアなどには紀元前二三〇〇～一八〇〇年と書いてあるなど、かなりずれがありますが、最近の考古学的研究によれば、だいたい紀元前二六〇〇～一九〇〇年だとされています。では紀元前一九〇〇年頃にインダス文明に何が起こったのか。これにも諸説あって、そのうちのいくつかは後で検討しますが、かつて主張されたように、何か外力によって崩壊させられたり、あるいは大きな自然災害で壊滅したのではなく、後に述べるような長期的な環境変動によって都市が放棄され、それとともにインダス印章、インダス文字が消滅する、すなわち徐々

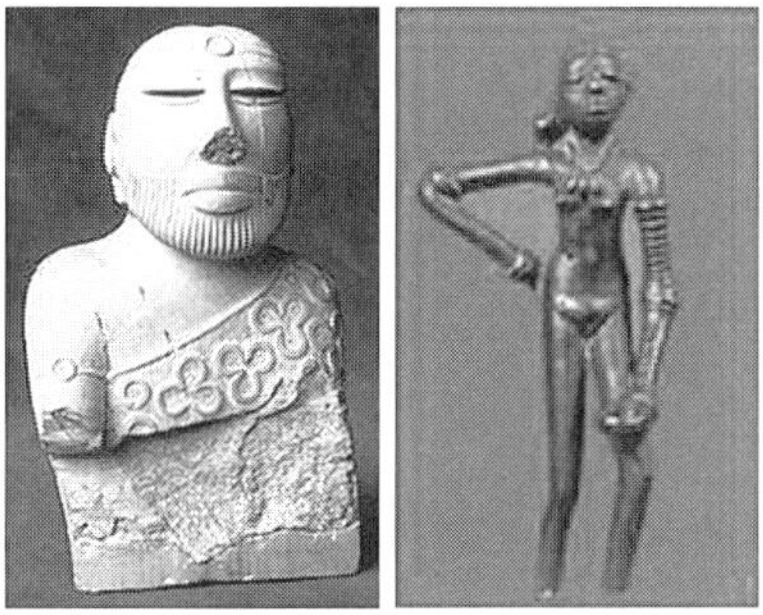

図3 インダス文明出土の土偶。右が「踊り子」と呼ばれるもの。

に衰退していったと考えられています（**図4**）。この点については、本章の最後にもう一度考えてみたいと思います。

◎草原の遺跡、海岸沿いの遺跡――大河から離れて

以上、駆け足で、インダス文明に関するこれまでの一般的な知識をおさらいしてみました。それにしても、このような広大な範囲に分布する遺跡群を、一口に「大河文明」と評して良いものか。私の問いの一つは、ここにあります。そこで、ここからしばらくは、発掘された個別の遺跡を検討してみようと思います。

図5は、有名なモヘンジョダロで、図の右下に白く流れているのがインダス川。インダス川の本流が遺跡の非常に近いところを流れています。都市自体も綺麗に整備された、とても四〇〇〇年以上前の人たちが作ったものとは思えないようなところです（**図6**）。また**図7**は、もう一つの有名な遺跡、ハラッパーで、ここにはラーヴィー川という川がありますが、遺跡との間には少し距離があります。古い時代から発掘されているため、かなり整備された遺跡です（**図8**）。

さて、この二つの有名な遺跡、つまり古くから発掘されたモヘンジョダロ、ハラッパー以外に目を向けると、また違ったイメージがわいてきます。インダス遺跡の一番北のものは、アフガニスタンに位置するショールトガイ

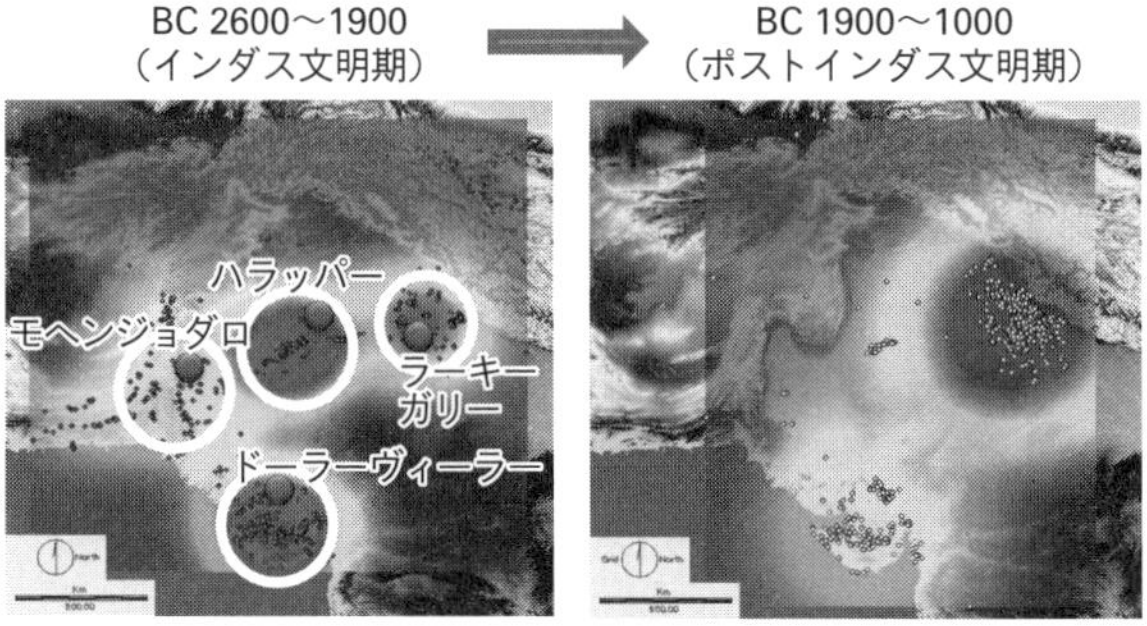

図4 インダス文明の衰退。都市遺跡が消滅し遺跡集中地域が変化することと併せ、インダス印章・文字が消滅することから、文明の衰退と見なせる（＊1）。

＊1 Teramura H. & Uno T. (2006) Spatial analyses of Harappan urban settlements, Ancient Asia 1.

図5 モヘンジョダロ遺跡（Google Earth）。

図6 モヘンジョダロ遺跡。二〇〇八年一〇月撮影。

図7 ハラッパー遺跡遺丘。平野部からの高さは一七メートルほどある（写真提供：M. Kenoyer）。

図8 ハラッパー遺跡。

です。現在アフガニスタンは戦争状態で研究者が入れる状態ではないのですが、かつて撮影された写真を見ると、草原の中に遺跡があり、大河とは大分イメージが違います（**図9**）。

図1（4頁）の左下の方、パキスタンからイランに通ずる地域の海岸をマクラン海岸といいますが、そこにソトカーゲン・ドール、ソトカー・コーという二つのインダス遺跡があります。現代の地図を見る限り、海岸線から随分離れているのですが、最近の研究によるとインダス文明期には海岸沿いにあったということがわかっています。このソトカーゲン・ドールもなかなか行けるような場所ではありませんが、写真を見てもがれきの山にしか見えません（**図10**）。ちなみに、私はインド、パキスタンでインダス文明遺跡をあちこち見て歩きましたが、全体として保存はあまり進んでおらず、こうした一見がれきの山のような遺跡が多くあります。

◎砂漠の遺跡の謎

これまであまりよく知られていなかったのですが、遺跡は砂漠地帯にも結構あります。チョーリスターン砂漠（図1参照）には、一帯に遺跡が広がっています（**図11**）。もともとここに大きな川が流れていたからではないかという説もありますが、この説については後述します。ガンウェリワーラーは先に述べた五大都市の一つですが、乾燥地域を行くと**図12**のような光景が見

図9 ショールトガイ遺跡（アフガニスタン）（写真提供：Besenval）。

図10 ソトカーゲン・ドール遺跡（写真提供：Law）。

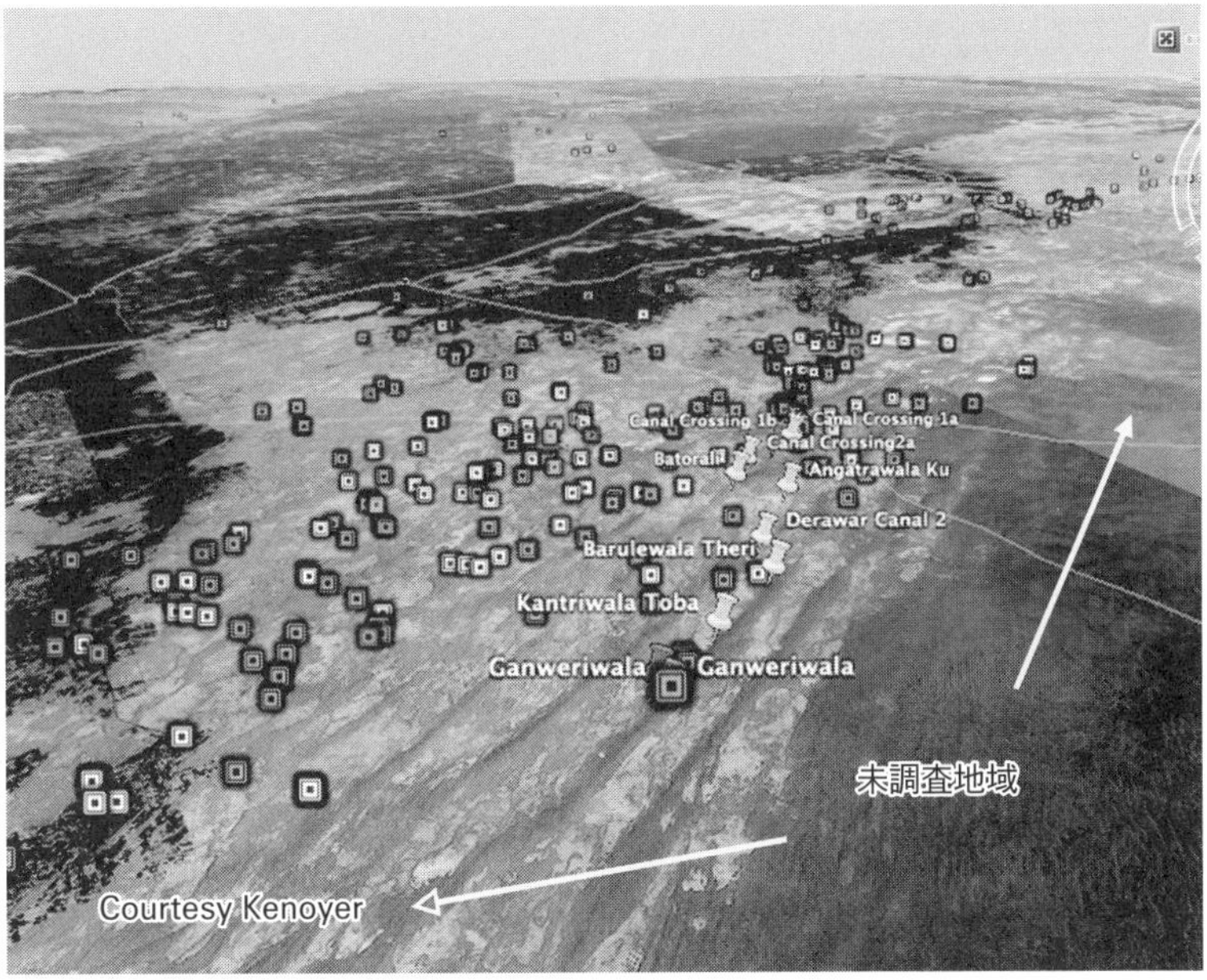

図11 チョーリスターン砂漠のインダス文明遺跡（写真提供：Law）。

図12 ガンウェリワーラー遺跡。

えてきます。ハラッパー式土器と言われる赤い土でできた土器の破片がずっと広く散らばっていて、遠くから見ても、ああ、遺跡があるなとわかります。

このチョーリスターン砂漠のあたりに遺跡があることは昔からわかっていたのですが、図1の丸で囲んだタール砂漠地域には遺跡を示す黒点がほとんどありません。ここで二〇〇〇年代以降、パキスタンの考古学者たちが一生懸命踏査して遺跡を見つけました（**図13**）。この地域の中の、タール砂漠とインダス平原のちょうど境目（**図14**）からタール砂漠のど真中で遺跡が見つかっています。調査はまだまだこれからですが、**図15**右のようなインダス時代の土器（実際は赤い色をしている）が発掘されました。

緑もほとんどない砂漠地帯ですが、こうしたところに赤い土器片が散らばっている遺跡があります。こうした砂漠地帯にもインダス文明期には水や川があった、だが今は川がなくなって砂漠に遺跡が見つかっているんだという説明だけでは、なかなか納得できない部分があります。

この点に関してはあくまで私自身の推測なのですが、もともと南アジアでは雨季には水があるけれども、乾季には水がない。とすると、人々が乾季も雨季も同様に大都会で過ごせたのかどうか、それ自体を疑う必要があると言うことです。乾季には、大きな都市を動かすだけの生産力、特に水の問題が解決できなかったのではないか。あくまで解釈というか推測になりますが、雨季などの人が集まりやすいような時期には市などが開かれて人は集まる

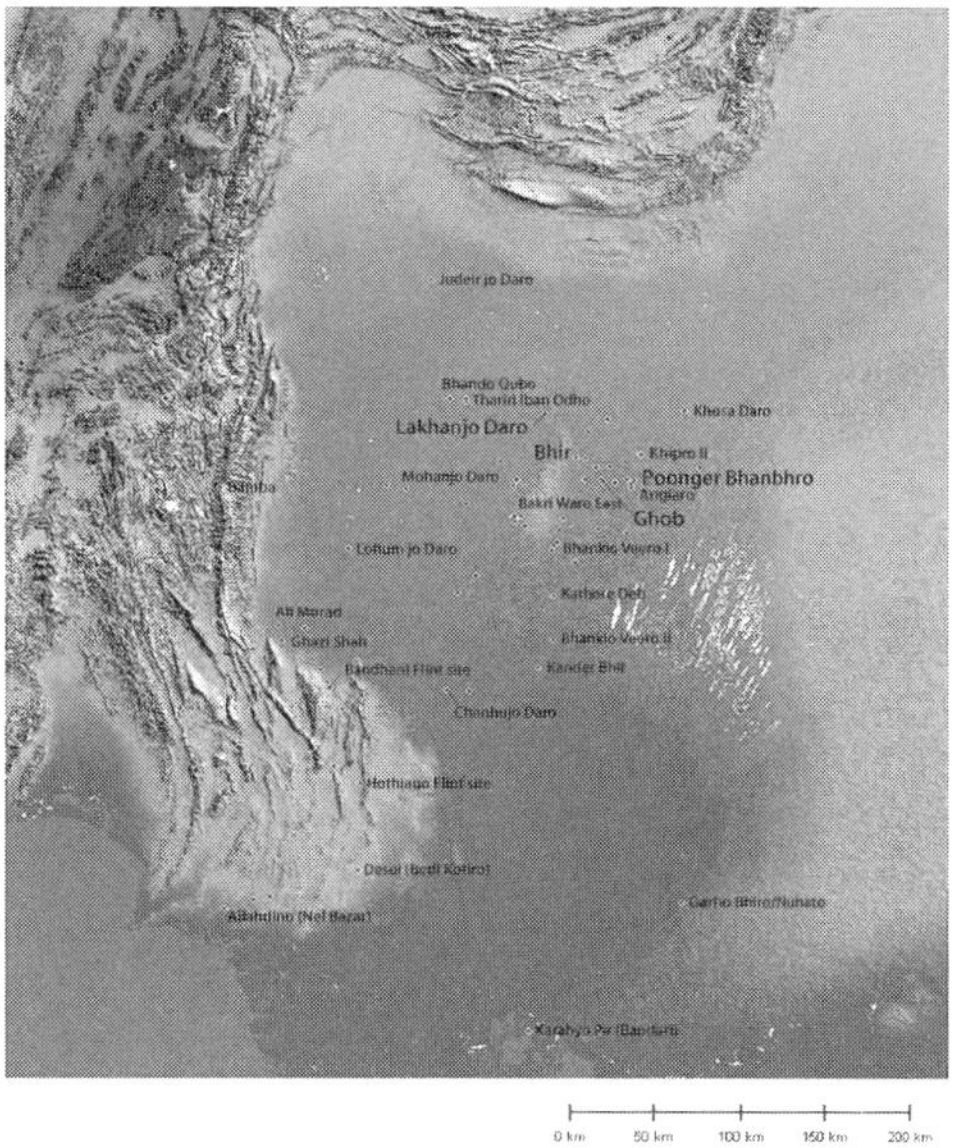

図13 タール砂漠に広がるインダス文明遺跡。

図14 タール砂漠とインダス平原の境。

図15 タルール・ジー・ビト遺跡の赤い土器片。

が、乾燥した時期、大勢の人々を養うだけの余剰力が無いようなときには、人は少なかったのではないか。つまり、このあたりの都市というのは、非常に流動性の高いものだったのではないか、と思えてくるのです。

パキスタンからインドへと国境をまたぐと、砂漠地帯がまだ続くのですが**(図16)**、デリーに近くなると、今度は穀倉地帯の中に遺跡が広がっています**(図17)**。

一方、インドのグジャラート州の海岸沿い――このあたりは湿原地域ですが――にも、遺跡が集中している場所があります(4頁　図1参照)。暑い時期には水が干上がってしまって塩が湧いてくるというような場所で、その一つ、**図18**のカーディル島に、ドーラーヴィーラーという古代都市がありま す**(図19)**。ここは島になっていますが、乾季には湿原にほとんど水気がなくなって、塩を吹いている場所を通って渡ります。

◎「城塞」と「パスポート」――都市ネットワーク論に向けて

以上のように、インダス文明の都市遺跡は、実は非常に多様な環境の地域に広く分布していて、果たしてこれを「大河文明」と呼んで良いものか、疑問を感じざるをえません。私は二〇〇六年の四月から二〇一二年の三月までの六年間、インダス文明に関する研究プロジェクト(大学共同利用機関法人人間文化研究機構 総合地球環境学研究所 研究プロジェクト「環境変化とイ

図16 カーリーバンガン遺跡風景。

図17 バナーワリー遺跡。

図18 カーディル島。

図19 ドーラーヴィーラー遺跡。

ンダス文明」）の責任者を務めましたが、その結果こうした問題意識を持つようになったわけです。そこでここからはプロジェクトの成果を含めて、インダス文明の理解の仕方について考えていきたいと思います。

まず二つの遺跡で発掘を行いました。図1（4頁）の中に星印で示した、ファルマーナーとカーンメールです。この間は直線距離で九〇〇キロメートルぐらいあり、カーンメールでは二月半ばでも暑くて暑くて嫌になる程ですが、ファルマーナーは四月でも時々毛布が必要な寒い日が来るという寒暖差がある地域です。

カーンメールの遺跡（**図20**）は、ほぼ四角形です。一一五メートル×一〇五メートルというほぼ正方形の城塞のようなものがあり、石の城壁で囲まれています（**図21**）。一昔前なら、多分この城壁が一つの砦で、戦いのための基地であったのではないかと考えるのでしょうが、インダスの場合ほとんど武器らしい武器が見つかっていません。発掘して武器が見つかっていないことから、最近はこのあたりで戦闘があったという見方を否定する人が多数を占めています。ではこの城塞が何のためにあったのか、一つの大きな謎です。

もちろん武器がこれから見つかる可能性はゼロではありません。インダス文明の発掘は、他の諸古代文明遺跡の場合に比べて始まるのがずいぶん遅く、まだ一〇〇年あまりしか経っていません。しかも大規模な発掘が少ないところですから、まだまだ見つかる可能性はあると思います。ただ、本章の

図20 グジャラート州カーンメール遺跡。

図21　石の城壁で囲まれているが武器や武具は全く出土していない。

図22　「インダス・パスポート」。科学雑誌『サイエンス』にも掲載され、世界的に有名になった。

末尾にも触れるように、職能分化した人々が相互に強く依存する社会では、戦いが必要なかった、という見方があって良いかも知れません。

カーンメールの中央に穴を掘って調査したところ、同じインダス印章を刻印して焼き固め真ん中に穴をあけた丸い出土品——私たちは穴があいているのでつり下げたのではないかと思い、ペンダントと呼んでおりますが——が見つかりました（**図22**）。表に一角獣とインダス文字の二つの文字が並んでいます。同じ文様があって、裏には明らかに違う文字が刻まれています。これがクラン（氏族）の名前なのか個人の名前なのか。表が一つの国や地域だとしたら、ネットワークの中を行き来する一種のパスポートのような役割を果たしていたのではないか。だとすると、これはこれまでの古代文明都市を再考する、一つの重要な発見、すなわちネットワークとしての都市という見方につながる発見です。

◎墓から見えるもの——格差の不在

一方のファルマーナー遺跡では墓が見つかっています。**図23**右は、全部墓です。七七の墓が発見され、その墓から主に土器が見つかっています。古代都市遺跡のお墓というと、権力を持った人が豪華で立派な墓を作って金銀財宝を埋めた、などと想像したりしますが、これらの墓にはそれほど貴賤の区別がありません。壺が少し多いとか、腕輪をしているとか、ちょっとした違

図23 ファルマーナー遺跡の住居跡（左）と墓地（右）。

いはあるものの、埋めた物にそれほど明らかな富の格差を見出すことができません。もちろん別の王墓が見つかる可能性はありますが、今までのところ発見されていません。こうした事実からみると、どうもインダス文明というのは「中央集権的なもの」ではなかったのではないか、という見通しが得られます。

またファルマーナーでも、**図24**のようなインダス印章がいくつか見つかりました。印章は押すものですから、取っ手がついているわけですが、その取っ手のところにも印章の文様が刻まれているというのは、非常に珍しいものので、今まで三例ぐらいしか見つかっていません。こういう珍しいものをきっかけにして、インダス文字の解読が進んでいけば良いと考えています。

◎砂丘が先か、文明が先か

さて、私たちは遺跡調査の一方で、古代の環境を調べる研究も進めました。ガッガル・ハークラー川（サラスヴァティー川）の流域にはかなりの遺跡が分布しています（図1参照）。このあたりは砂漠ですが、砂丘が見られます。砂丘というのは風に運ばれた砂が積み重なってできた地形で、洪水などに接すると、すぐに浸食されてしまいます。砂丘が先か、文明が先か――つまり、インダス文明の時代にそこに大河があったならば砂丘は形成されていないはずで、ガッガル・ハークラー川が現代のような小さな川になった後か

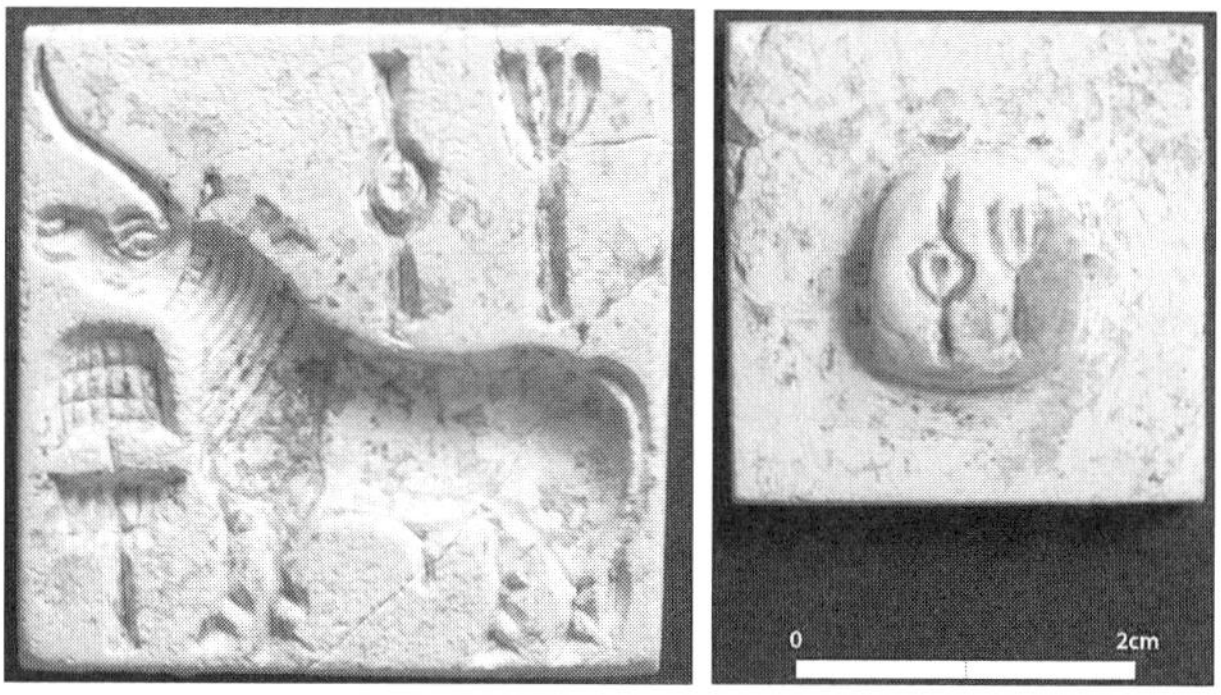

図24 ファルマーナー遺跡出土の印章。右は取っ手部分。

ら周りの砂丘が形成され始めたと考えることができます。そこで、砂丘の砂を光ルミネッセンスという方法で検査しました（**図25**）。これは砂を採取して、それがいつごろから光を浴びなくなったかを調べる技術ですが、これで調べると、五〇〇〇年前つまりインダス文明が始まる前から、すでに砂丘があったことがわかりました。つまり、ガッガル・ハークラー川は、インダス文明期でも大河ではなかったのです（＊2）。

◎インダス文明は大河文明ではなかった――農業と水害の視点

次に農業生産に目を向けてみましょう。「インダス文明」と一言で言ってしまうと、どの地域でも同じような農業生産が行われているような印象をもたれるかも知れませんが、実は混合作物、冬作物、夏作物という三つがありました（**図26**）。冬作物は麦類、夏作物は雑穀類です。地域による環境要因、適応戦略、適応結果をまとめたのが**表I**ですが、モヘンジョダロのあるインダス川流域の農業は天候不順の影響を一番受けやすく、環境適応しにくい地域です。つまり居住地を捨てて移住するか、あるいは生産性を上げるために灌漑を強化するかの選択を迫られるのです。

私たちの調査中、二〇一〇年八月には**図27**のような大規模な水害もありました。農業だけでなく水害という面でも、インダス川流域は環境の影響を受けやすいと言えます。インダス川流域にインダス文明の遺跡があるわけでは

図25 光ルミネッセンス年代測定法によるサンプル調査。

＊2　前杢英明・長友恒人（二〇一三）「消えた大河とインダス文明の謎」長田俊樹編『インダス：南アジア基層世界を探る』京都大学学術出版会。四六―六二頁。

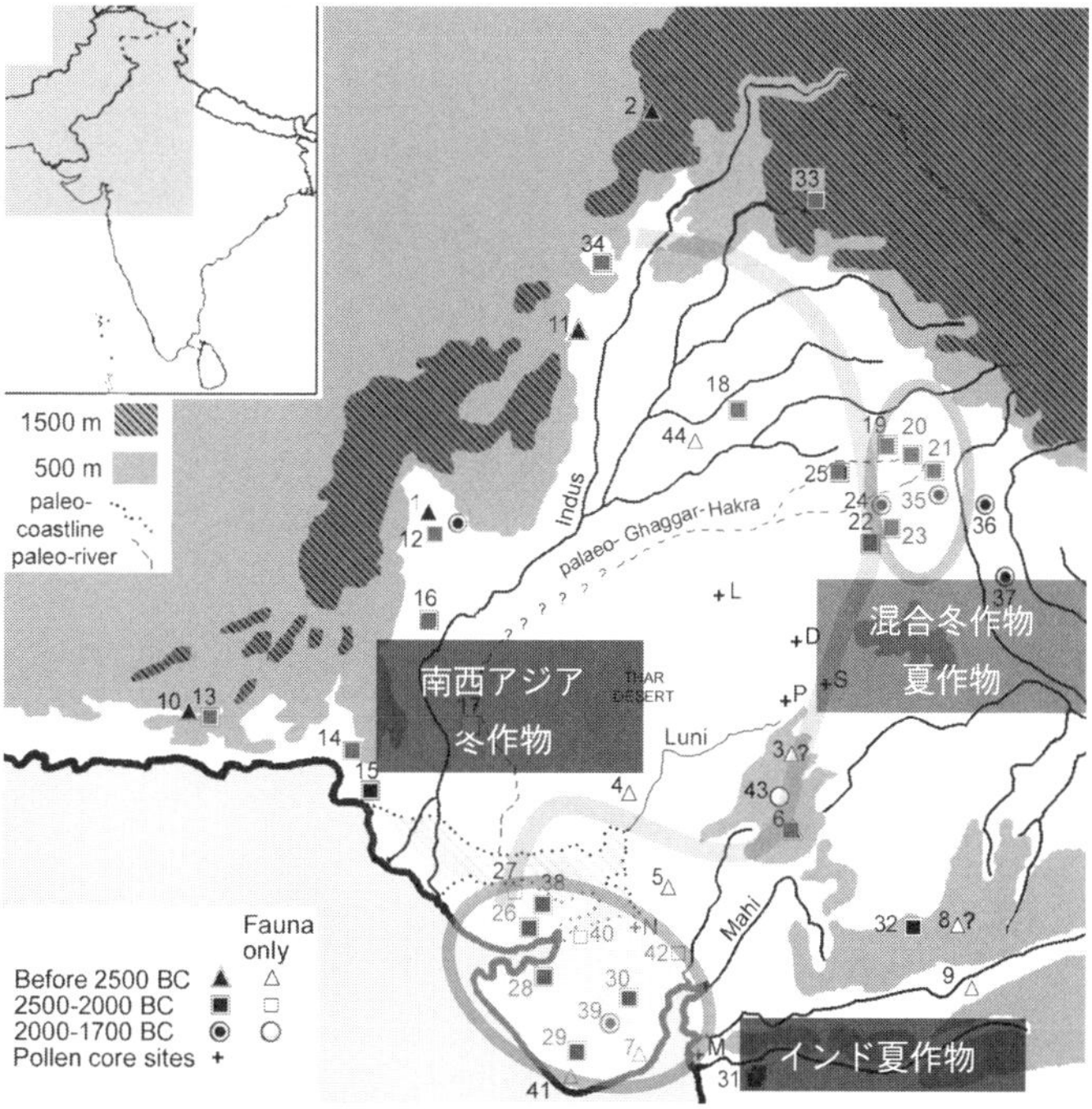

図26 インダス文明期の冬作物と夏作物の分布（提供：S・A・ウェーバー）。

表1　農業生産にみられる環境適応戦略の地域差

	パンジャーブ州 混合作物	シンド州 冬作物中心	グジャラート州 夏作物中心
環境要因	天候不順に影響を受ける可能性はシンド州より低い	天候不順の影響を一番受けやすく、とくにインダス川の水位変化が直接穀物生産に結びつく	天候不順や川の水位の影響が最も少ないが、海水準変動や水源の有無が問題となる
適応戦略	新しい品種の導入や輪作など農法の改良がみられる	冬作穀物の生産性をあげる必要あり。その結果、土壌の浸食や塩害の発生などがみられる	多様な夏作物が栽培可能で、ソルガムなどのアフリカからの作物やイネなどを積極的に導入
適応結果	夏作・冬作両方が可能で、積極的に新しい作物を導入。 その結果、独立性が高まる	居住地を捨てて移住するか、あるいは生産性を上げるために灌漑を強化するかの選択を迫られる	夏モンスーンによる降雨で、この地域の生産性は引き続き高く、独立性は維持される

（提供：S. A. ウェーバー）

ないこと、ガッガル・ハークラー川が大河ではなかったこと、大河に依存するような農業が一部では見られるがそれだけではないこと。もろもろ考え合わせると、インダス文明を「大河文明」と位置づけるには問題がありそうだ、という見通しが出てくるわけです。

◎古代文明観を見直す――「穀物倉」と「アーリア人侵入説」

ここまでの話から、どうやら古代文明観は見直す必要がありそうです。昔、ウィーラーという人が『インダス文明』（みすず書房、一九六六年）という小さな本を出しました。これはとても興味深い本です。真ん中には「アイデアには翼がある」という文言がありますが、都市文明は紀元前三〇〇〇年期には西アジアに広がっていたという非常に魅力的な話で、多くの学者がかつてそれに惹かれました。

この本には「穀物倉」の話が出てきます。中央集権的な国家では穀物を置いておく場所が必要だと考えられ穀物倉が想定され、ウィーラーは**図28**のような立派な復元図まで描いてみせました。モヘンジョダロの場合、**図29**の左上の四角で囲んだ部分にあるとされてきましたが、穀物倉の隣には浴場があります。こんな湿気のあるところに果たして穀物倉があったのか。ハラッパーの場合にもやはりウィーラーは復元図を描いていますが、ここは今日では穀物倉ではないとされています。

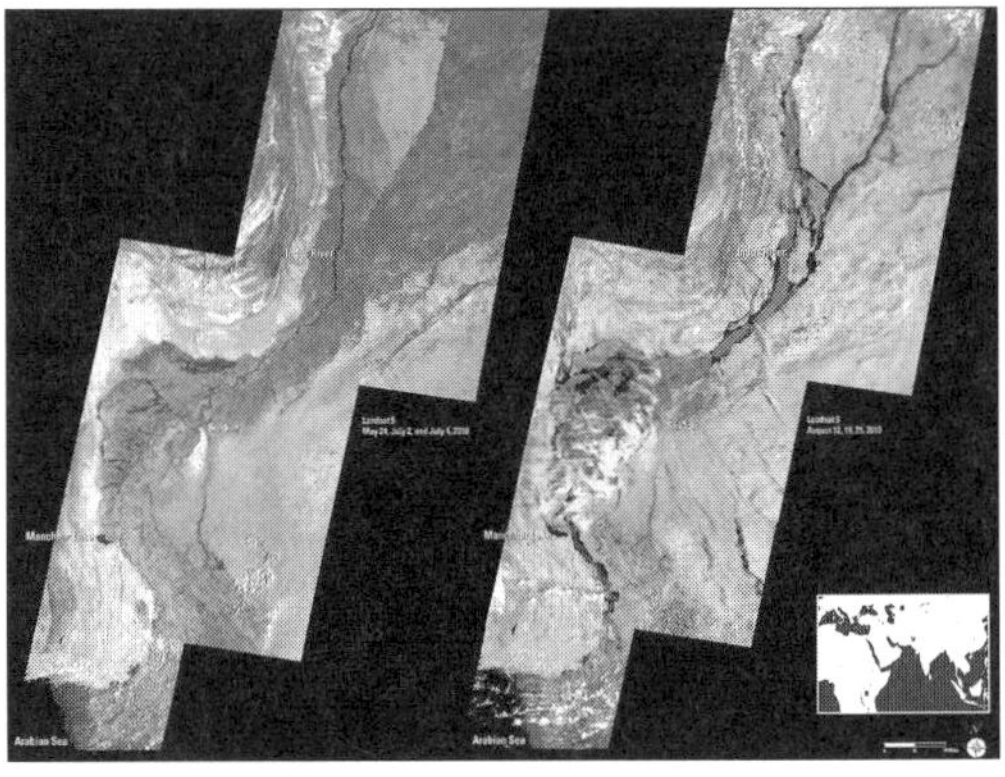

図27 インダス川の洪水（二〇一〇年八月）。右図が洪水におそわれた時の衛星写真で川幅が太くなっているのがわかる。

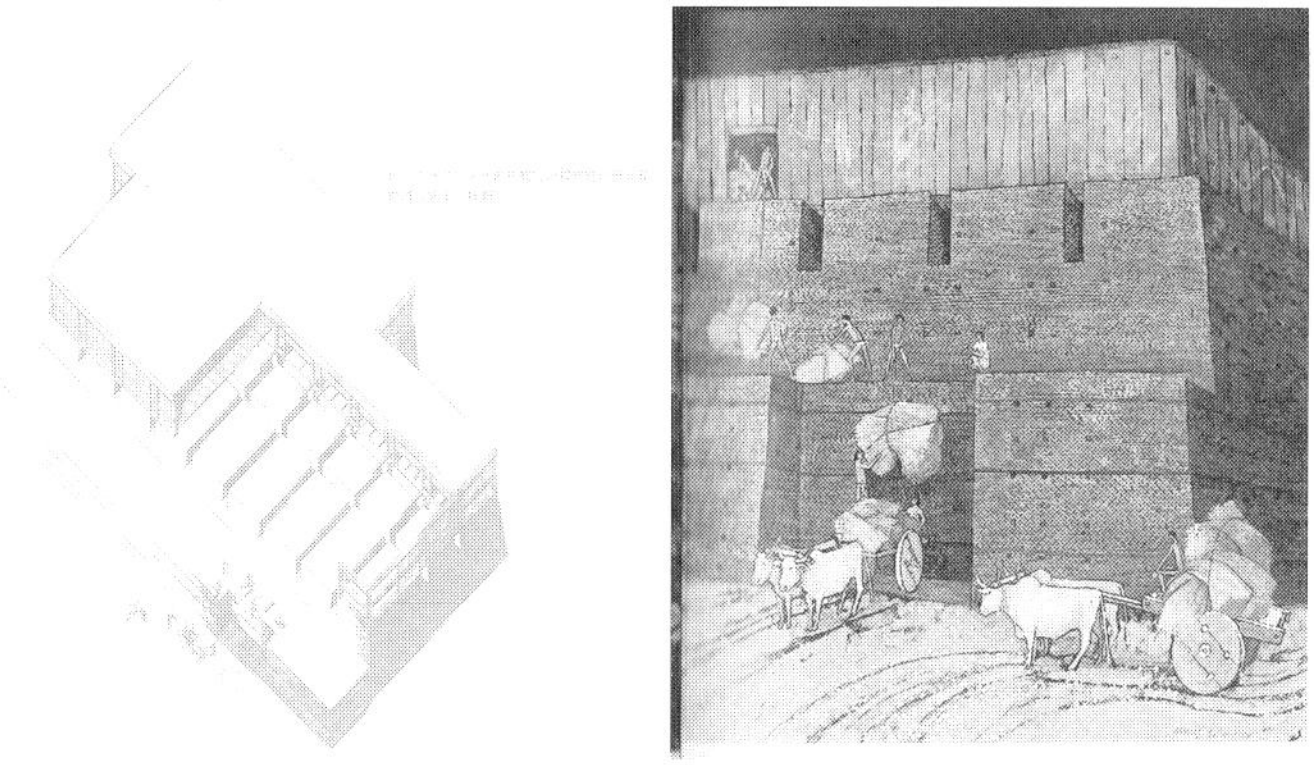

図28 「モヘンジョダロの穀物倉」の復元図だが……(＊3)。

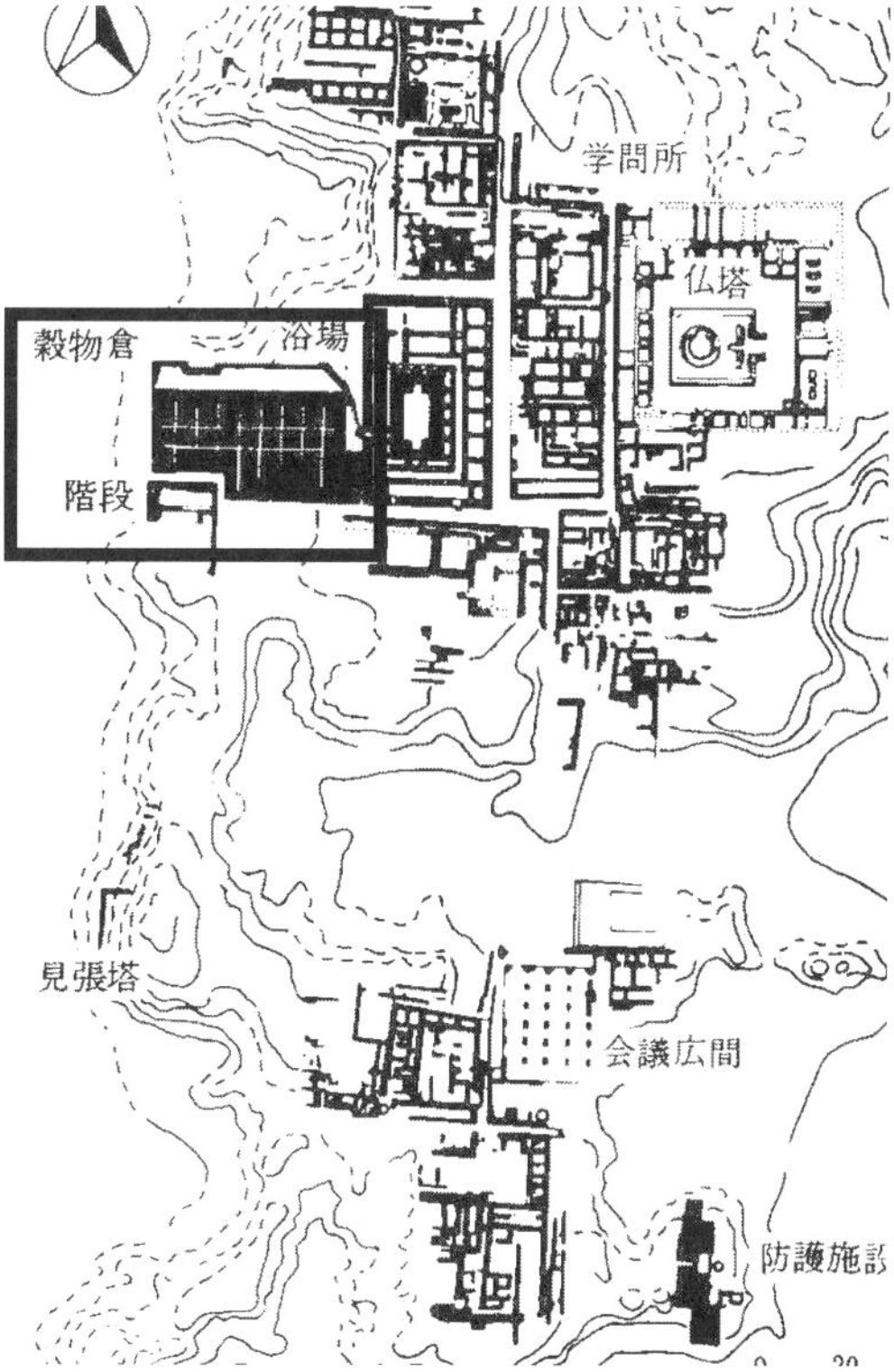

図29 モヘンジョダロ遺跡城塞部配置図。「穀物倉」が「浴室」の横にあるというのは不自然(＊4)。

＊3　ウィーラー・M（一九七一）『インダス文明の流れ』創元社。

＊4　ウィーラー・M（一九六六）『インダス文明』みすず書房。

もう一つ、覆すべきインダス文明観があって、それは「アーリア人の侵入によって文明が滅んだ」という考え方です。私は権力闘争史観という言い方をしていますが、実は「アーリア人侵入説」は、研究者の間ではずいぶん前に否定されています。それでも市民向けの講演会等では、こうした見方を今でも信じている方が多いように思います。皆さん、アーリア人侵入説が大好きで、なぜかというと、ノルマン人の征服だとか中国の征服王朝というように、文明の衰退イコール文明の征服というイメージがあるのです。しかし実際には先ほど見たように、墓には富の偏在はありませんし、記念碑、ピラミッドやジッグラト（聖塔）もありません。そろそろ、こういう権力闘争史観から抜け出してもいいのではないでしょうか。

◎文明の衰退について考える

しかしながら、ではなぜインダス文明は滅んだのか、という疑問は残ります。そもそも、南アジア全体で見ると、インダス文明期よりもインダス文明期以後の方が遺跡の数は増えています。遺跡が増えているのだからインダス文明が崩壊したというのはおかしいという考古学者もいるほどです。ただ、いわゆる都市と呼ぶような大きな遺跡はずっと減っています。大きな遺跡が無くなっていくというべきでしょうか。また分布もガンジス川流域、つまりインドの東の方に増えていく、という特徴があります。その上で、先に少し述べたように、インダス文字が書かれた印章が全く流通しなくなる。私は、インダス印章、インダス文字をネットワークのコミュニケーションツールとして使っていたのがインダス文明システムの一つと考えていますから、それが使われなくなり、遺跡の分布もずっと変わってしまっているので、やはりインダス文明は衰退したと考えます。つまり、そういうネットワークに頼らなくても十分に暮らせるような地域に人々が移動していった、ということです。ガンジス川流域の方がずっと肥沃ですし、水の心配もほとんどないところですから、農業だけで十分食っていけたというような推測は成り立つと思います。

逆に言えば、インダス文明というのは、地域ごとに違った作物や資源がとれ、そうした資源の流通を都市がつなぎ市場として機能した、そうしたネットワークのシステムに支えられる必要があったということです。

◎ゆるやかなネットワークの存在

実際、ランデル・ローという研究者が、ハラッパーの出土品を調べ、イヤリングやブレスレット等に使われた鉱物がどの地域からやってきたかという研究をしました。その結果、**図30**のようなネットワークの存在が浮かび上がってきました。彼いわく、まず船で河川を運んでいき、地上は牛車を使って――インダス文明期にはすでに牛車のミニチュアが作られていますが（**図31**）、同様の牛車は今も使われています――運んできたと言います。船もメソポタミア、ペルシャ湾岸、イラン、オマーンからやってきました。こうしたネットワークが実証的に明らかになってきました。

◎都市社会をどう見るか
——中央集権的文明観からの解放

現在の南アジアはカースト社会です。カーストというと、上下関係ばかりが問題になっていて、人間は生まれながらに平等であると言われてきた我々にとっては、それだけで許せないと思いがちです。しかしカーストというのは、本来、多民族、多言語の職能分離社会ということで、実はインダス文明の当時もこの職能分離体系というものがあって、砂漠の中に点在する遺跡もそういう人たちが家畜とともに暮らした跡ではないかと思われるのです(＊5)。職能によっていろいろな階層に分かれた人たちがいると、お互いをお互いが必要とする。そうしたレシプロカルな状態、相互に依存し合う状態でないと

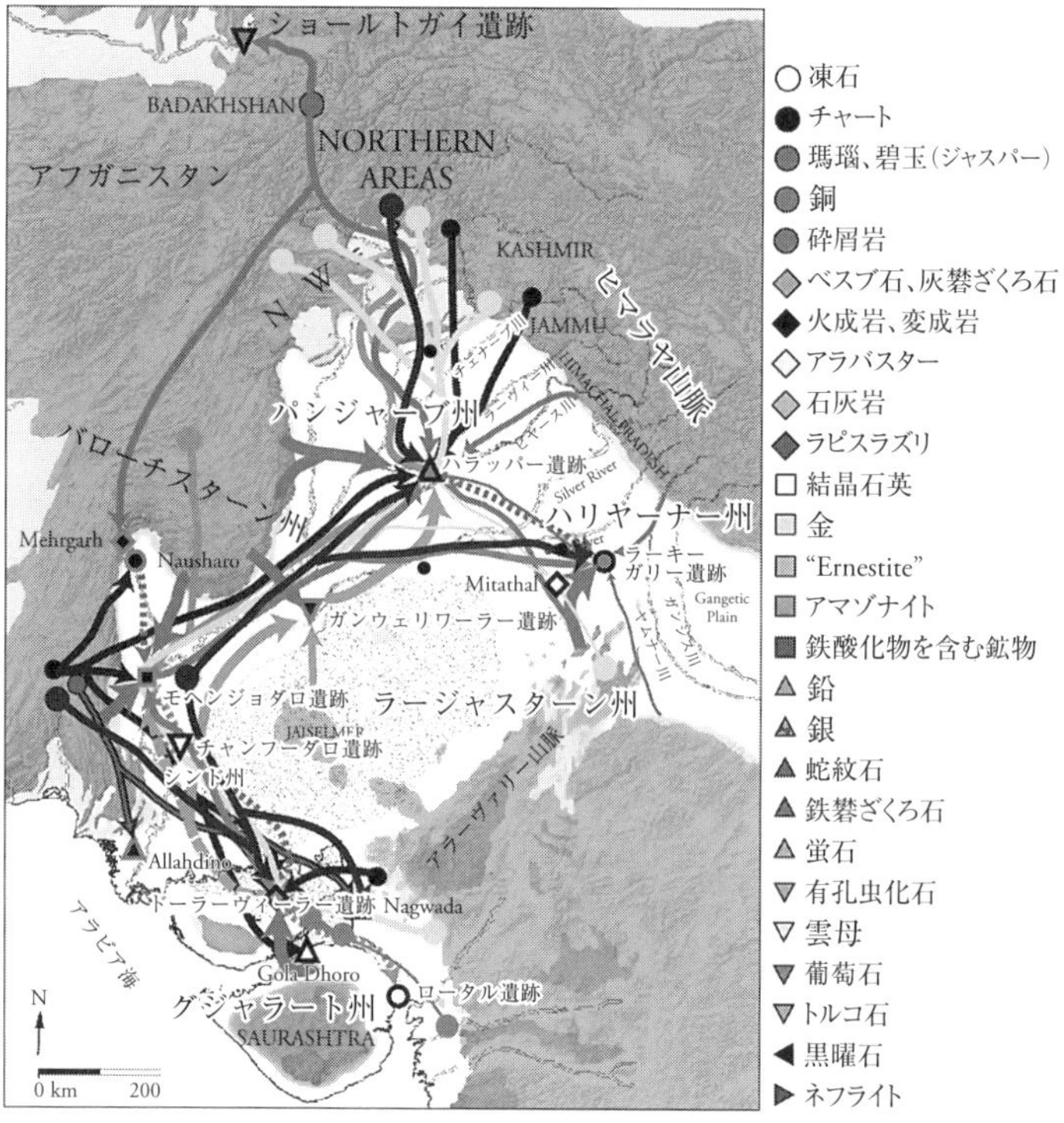

図30 鉱物資源の供給ネットワーク（ランデル・ロー提供）。

＊5 ウェーバー・S（三浦励一訳）（二〇一三）「インダス文明の衰退と農耕の役割」長田俊樹編『インダス：南アジア基層世界を探る』京都大学学術出版会。二〇六―二二二頁。

成り立たない社会だというところに、私たちはもっと注目すべきではないか。

本書第二章ではテオティワカン、第三章ではヴェネツィアが扱われますが、都市のあり方を見るとき、権力中枢機能としての都市だけを考えるべきではありません。そうした考えの背景にあるのは、西欧中心主義的な発展段階説で、それによれば原始共産社会があって、奴隷制古代社会があって、封建社会があって、封建社会の中に中世の自由民の都市が生まれて……というようなイメージでしか都市が発想されません。しかし、それと違った都市のあり方がインダスにはあったのではないかと思います。南アジアには市が立ちます。年に一度のメーラ（祭り）、そして頻繁なバザールです。職能分離社会では、生活必需品を他の職能集団から入手する必要があり、前述したように産地・生産・流通のネットワークがあったことが明らかになってきています。そして流動性の高い人々が都市に集まって物々交換をするような市を立てていたのではないか。

先ほど雨季と乾季という話をしましたが、水がなくなったらその場所にとどまる必要はないでしょう。また移動すればいいのですから。こういう発想から言えば、戦うというのは、要するにその場所を必要とする、あるいは堅持したいという欲求の中から生まれます。しかし、流動性が高いとそもそも争いというものが必要であるのかどうか。根本的な疑問もわきます。小都市のネットワークというインダス文明のイメージには、中央集権や戦争といった今日的な事柄を考える上での貴重な示唆がある、と私は考えています（＊6）。

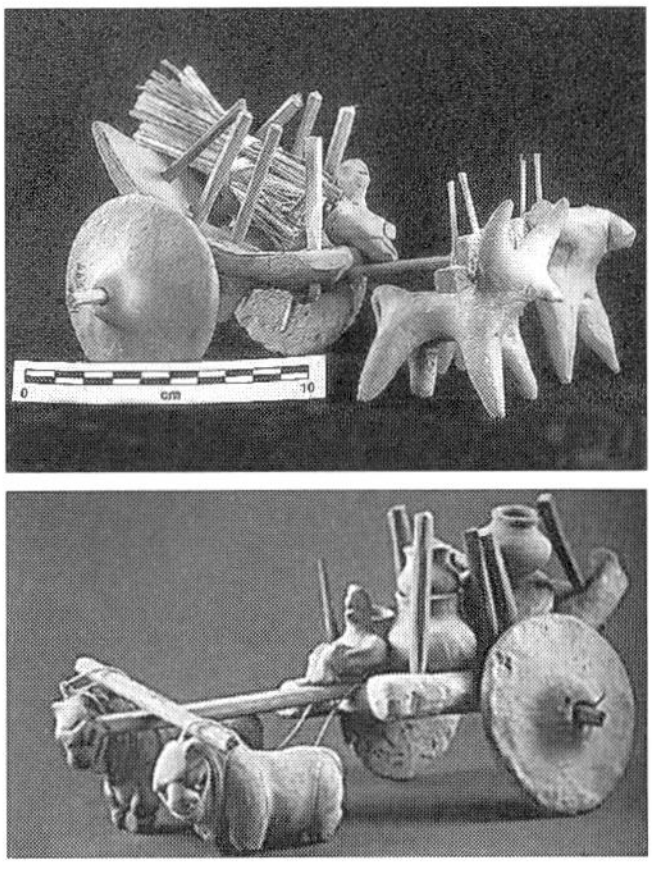

図31 インダス文明遺跡から発掘された牛車の模型。今とほとんど変わらない。

＊6 本章全体の議論に関して、詳しくは、拙著『インダス文明の謎：古代文明神話を見直す』（京都大学学術出版会、二〇一三年）を参照されたい。

第二章

Chapter 2

新世界最大の古代都市テオティワカン：英知の集積としての都市

杉山三郎

◎閉ざされた空間の多様性

第一章では、「中央集権的な大河文明観を見直す」という非常に重要な提案がされました。私が調査しているのはメキシコのテオティワカンという遺跡です。かれこれ三五年ほど発掘調査をして、人生の半分ほどはメキシコ、北米で生活してきました。この新大陸で、古代人と同じ環境に住みながら研究を続けた結果としての、私なりの文明観を述べたいと思います。本章でも、従来の旧い世界から見た文明史観とは少し異なる、人類の基層文化が導かれたらと思います。

中米に栄えたメソアメリカという文明は、第一章のインダス文明と当然環境は違うのですが、広さはほぼ同じです。東西で二〇〇〇キロメートル、多様な自然環境の中にあるというところも似ています（**図1**）。ただ、メソアメリカは幅が狭く閉鎖空間といえます。現在の国境で言えばグァテマラ、ホンジュラス、エルサルバドルまで含まれ、メキシコだけとっても、面積は日本の約五倍です。これほどの広い区域ですが北の方は乾燥地帯で広く砂漠・荒地が続き、調査の時などは、機材を車に乗せて全く何もないところをずっと車で走り続ける。そんな地域には遺跡も海岸沿いに少しある程度で、この不毛地帯が自然の境界線になっています。

しばしば「中南米」とひとくくりにされますが、古代文明に関していえば、基本的にメソアメリカはアンデス文明とは隔たれています。現在のパナマで陸路は絶たれています。だいぶ時代が後になると、海を伝わって少し交流が見られますが、当時は独立して発達しました。いずれにしても、東は大西洋、西は太平洋、北は荒地で区切られた空間、しかし非常に多様な自然環境を利用して独立し発展した文明が、メソアメリカ文明です。

◎文明の萌芽

新大陸に初めて人が入ったのは一万四〇〇〇年くらい前ですが、文明のいろいろな要素が見え始めるのが紀元前一二〇〇～一四〇〇年で、様々な土器や洗練された装飾品、小さな宗教センターができ始めました。こうしたある程度人の集まりが見られる紀元前一二〇〇年頃の遺跡――いわゆるオルメカ文明と私たちが呼んでいる遺跡もそうです――が、第一章の最後で提案された都市の形に近いと思います。そ

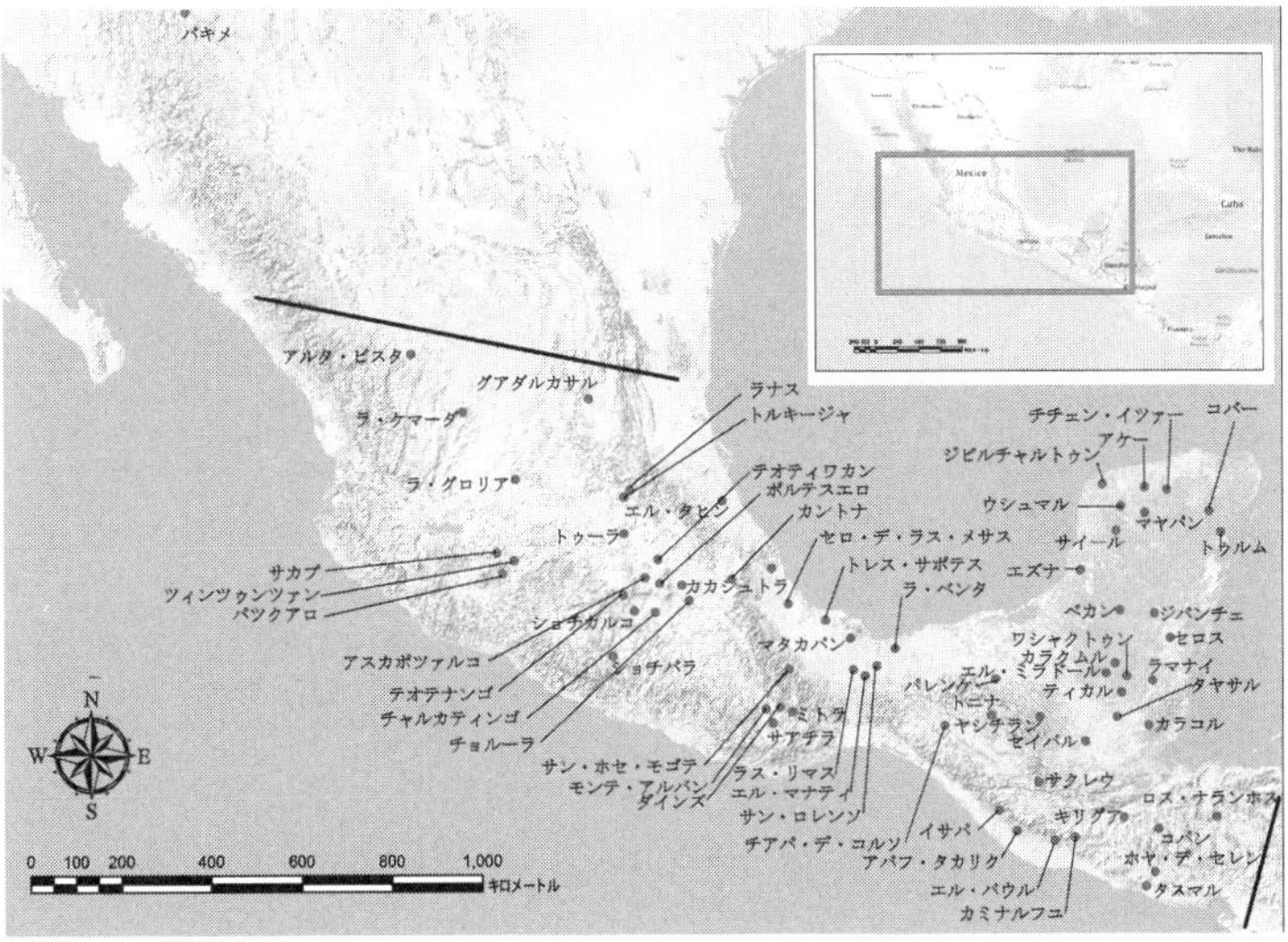

図1　メソアメリカ全図と主要遺跡（時代によって変動するが、黒線内がメソアメリカの文化領域）。

して紀元前後くらいになると、大きな都市が生まれます。

たとえば、テオティワカン以前から、かなり大きな宗教センターがマヤのジャングルの中に栄えていました。オオハカという地方の山頂遺跡モンテ・アルバンや、チョルーラなども大きな祭祀センターです。そうしたなかで最も大きなものがテオティワカンです。テオティワカンは、紀元前後から紀元後五〇〇年代くらいまで栄え、人口は一〇万人ほどです。非常に規模の大きなもので、当時はアメリカ大陸最大の都市でした。インダス古代社会とは時代がずれて、かなり都市化が進んだ段階の文明といえます。

◎認知能力=知恵こそが、文明の基盤をなす

私は長い考古学研究を通して、モニュメントから生活用品まで、いろいろな物を見てきました。その中で、結局、環境（川の存在や砂漠気候）が人間の文明のあり方を決めるのではなく、いろいろな条件の中で私たちがとってきた手段、人の認知能力や英知、それによって生まれた技術や進化する社会組織が文明発祥の引き金になっている、と考えるようになりました。人間は、砂漠なら砂漠に適した知恵を絞って方策を見つけるもので、条件の良し悪しや川の有無などは必ずしも文明の繁栄に直接関係しないということです。メキシコも中央高原には大きな川はなく、マヤでもユカタンの方は全く川がありません。しかし、水を確保する術を様々に考えて生活しています。

このような頭脳プレーが特に集中するのが都市で、物事を理解する能力、知識を共有する体制などが都市文明の繁栄に結びつくのではないでしょうか。

こうした人間の能（脳）力、進化する英知をキーワードに、以下、テオティワカンという都市を紹介していきます。

◎中規模都市ができ始める

テオティワカンはピラミッドが有名ですが、ピラミッドは単に儀式をする場、または王の墓ではなく、それ自体が意味を持つよう、複雑な形をしています。さらに、非常に苦労して作った上に、何回も作り変えている。何が、そうさせたのでしょうか。テオティワカンは全体として、かなり完璧な計画都市といえますが、その意味を探る前に、少し時代を遡って中規模都市を見ておきましょう。それらの伝統の延長にテオティワカンが生まれたからです。

図2は、初めに紹介したオルメカのサンロレンソ遺跡出土の巨石人頭像です。紀元前一二〇〇〜八〇〇年頃、半自然の高台の上に、公共施設がぽつぽつとでき始めます。まだ大きなピラミッドはできていませんが、住居や儀式場のような中規模の遺構が残っていて、そこにいろいろな威信財や巨大彫刻などを権力の象徴として集中させ、周りの農村を管理していたことが想像できます。ほかにラベンタという遺跡があり、ここではかなり大きなピラミッ

図2 オルメカ遺跡出土の巨石人頭像。

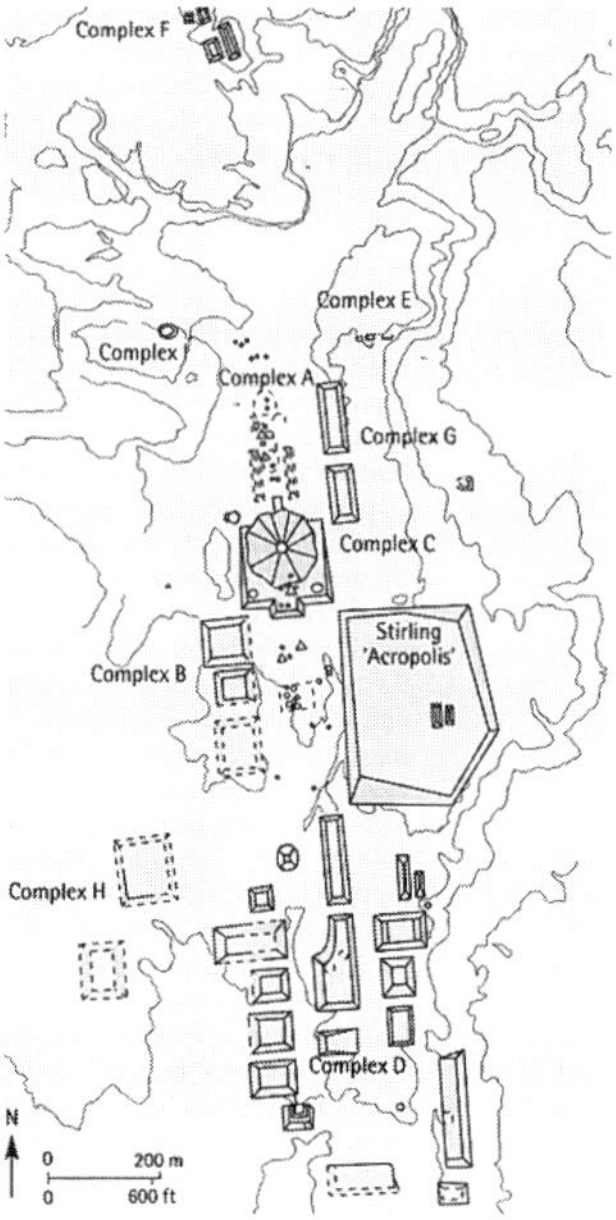

図3　ラベンタ遺跡の地図（＊1）。図中の「Complex」は建築複合体、中心の円が円形ピラミッド。

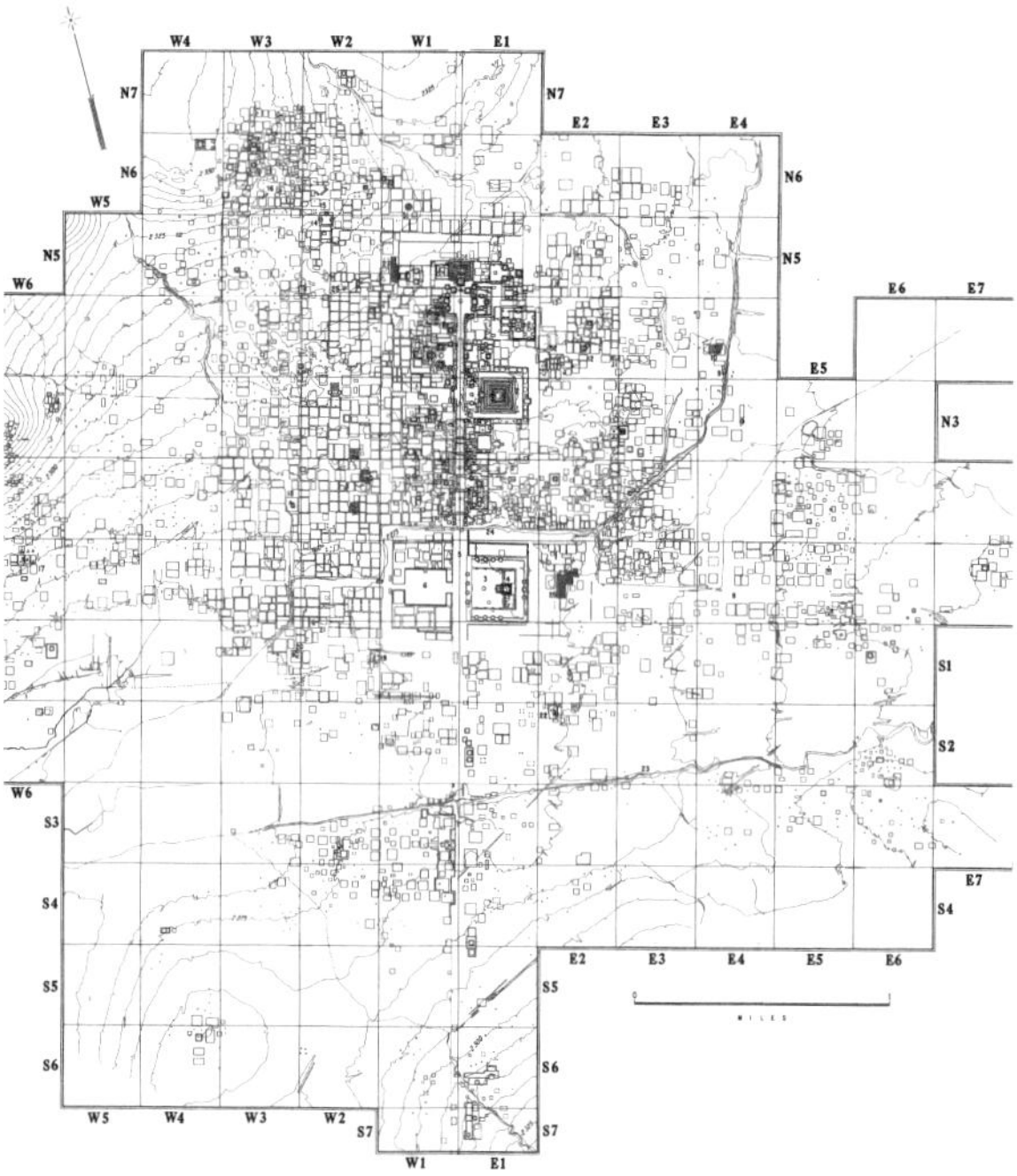

図4　テオティワカン全図（＊2）。碁盤目の一マスは五〇〇×五〇〇メートル。

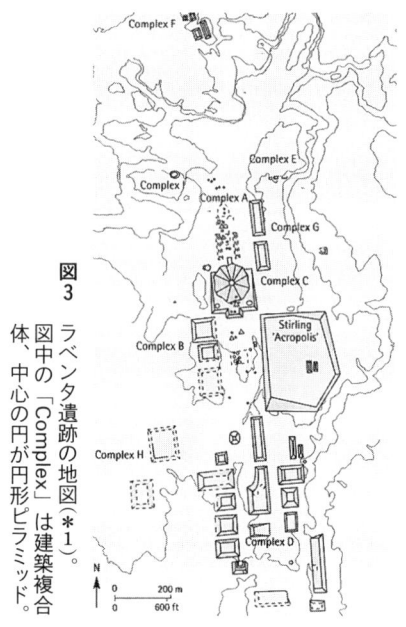

ドができ始めます（図3）。大都市にはなりませんでしたが、いろいろな交易品が集まって、宗教センターが徐々に拡大していくわけです。

テオティワカンが生まれたメキシコ中央高原では、クイクイルコという大きな円形ピラミッドを中心とした宗教センターがありました。ここは人口一〜二万人規模と見積もられていますが、こうした中規模の都市、大きな集落が、紀元前四〇〇年頃にはすでに機能していました。ただクイクイルコの場合、近くにあるシトレ火山の噴火によって、紀元後二〇〇年頃に溶岩で完全に埋もれてしまいました。住んでいた人たちはここを放棄して北の方に移住せざるを得なくなり、これがテオティワカン拡張の一要素とも考えられています。現在も溶岩で覆われていて、五メートルほどの固い溶岩層を取り除いてから発掘しなくてはならないためなかなか調査が進まず、ピラミッド以外はほとんどまだ解明されていない状態です。このように、紀元前に人が極端に集まった場所は、どれも宗教センターであり、規模はまちまちですが、どこでもピラミッド神殿と儀式用の大広場が、その初期から存在していたということです。

◎完全計画都市、テオティワカン

その後にできたのが、このテオティワカンという大都市です（図4）。推定人口一〇万人以上、二五平方キロメートル（五キロメートル×五キロメー

*1 Susan T. Evans (2008) *Ancient Mexico and Central America : Archaeology and Culture History.* (2nd ed.) Thames & Hudson, New York. p.176: Fig 6.18 より。

*2 Rene Millon (1973) *Urbanization at Teotihuacan, Mexico: vol. 1: The Teotihuacan Map. Part One: Text.* University of Texas Press, Austin: Map 1 より。

トル）ほどです。スケールを示すために図に入れたグリッドは一辺五〇〇メートルですから、それを参照して規模を想像してください。一番小さな四角が住居跡、中央少し上（北）が町の中心地帯で、整然とした完全な計画都市です。どうして人口が推測できるかというと、アパートメント式の住居がたくさん見つかるからです。約六〇メートル四方がスタンダードサイズなのですが、それがおよそ二〇〇〇ぐらいあると言われています。ひとつあたりだいたい六〇人から一〇〇人ぐらいの人が住めるぐらいの空間なので、そこから推測すると一〇万人から一五万人かと思われます。これは、同じ時期に世界にあった都市、たとえば中国の長安や洛陽とか、アレクサンドリア、コンスタンティノープルなどに続く、世界で六番目の大きさと言われます。

この都市の起源を探るために、私は、特にモニュメントを中心に今まで調査をしてきました。

いろいろと発掘した結果、ほとんどの住居施設は、大きなモニュメントができた後に作られていたことがわかりました。またモニュメントの内部調査をすると、その中からさらに古いものが出てきました。紀元後二〇〇～二五〇年頃に、現在見られるような明確な都市構造が作られています。本当に精巧にできていて、現代の測量機材を使った都市作りにもひけをとらないほど、何キロメートルも離れても一度の狂いもない、そういう精巧な建設技術です。後で述べるように、天体観測を用いて都市設計をしていたと思われます。

◎多くの人を迎える巡礼地として

図5は「死者の大通り」と呼ばれますが、結論から言うと、いろいろな考古資料、そして都市構造から見る限り、この都市はまず間違いなく巡礼地として始まっています。小さな村が少しずつ何百年もかけて大きな町になったのではなくて、かなり突然に、今見られるような都市構造になったのです。その後何回も改築は行われますが、その基本軸は変わっていません。

ちなみにこの写真は、現代の春分の日のものです。ピラミッドパワーがあるとのことで春分の日には何十万もの人が集まり、その光景は昔を想像させます。手前の大きな「月の広場」、そこから延びる幅広い「死者の大通り」は、初めからそれだけの人が来ることを想定して作られたスケールです。毎日がこのような状態ではなかったでしょうが、儀式の際には都市の住民だけではなくて、外からもたくさんの人を迎えることができる構造になっています。

現代の例で言えば、イスラム教の聖地メッカには儀式の日に巡礼者がたくさん集まります。人が集まれば、それだけ食べ物も与えないといけませんし、いろいろな組織が不可欠です。こういった巡礼地では人のコントロールが必要で、そこから様々な政治・経済体制が拡大し、物の流通が活発になり、専門職も先鋭化します。こういった巡礼のための計画都市は、世界中あ

図5 「月のピラミッド」から「死者の大通り」を見下ろす。左上が「太陽のピラミッド」。

ちこちにあり、それらが次第に政治の中心地にも発展するわけです。

初めから政治の中心地として造られた計画都市の現代版がワシントンＤＣで、これもその初期からかなり完璧に計画された都市でした。都市の東西中心軸上に国会議事堂があって、スミソニアンの博物館などがその両側に整然と並んでいます。政治イベントでは膨大な数の人がモールに集まって演説などが行われるのですが、建物の改築・増築が行われても基本構造は変わりません。古代テオティワカンの中心地区も、ワシントンＤＣのモールとほとんど同じぐらいの規模（一時間ぐらいで歩ける距離）で、北京の天安門広場と故宮、モスクワの「赤の広場」、日本の平城京も似たスケールです。つまり人が集まることを想定した国家規模の中心地は、古代から現代までほぼ同じ規模で、儀礼・行事のための広場を中心に作られています。テオティワカンはその最初の例のひとつでしょう。膨大な数の人と権力、財力、知力を集結させ誇示する場所、それが都市の始まりにつながるのではないでしょうか。

◎暦と数の体系

テオティワカンは、**図6**のような三つの大きなモニュメント――「月のピラミッド」、「太陽のピラミッド」、そして「城塞」と呼ばれる儀式場の中央部に「ケツァルコアトル（羽毛の蛇）神殿」――があり、それらを中心にして、都市設計がされました。都市の南北中心軸として「死者の大通り」があ

図6 テオティワカン中心地区の航空写真（南より）。右下が一〇万人以上収容可能な儀式場「城塞」とその中心ピラミッド「羽毛の蛇神殿」。

り、その真後ろにはセロ・ゴルド（太った山）という聖なる山があります。テオティワカン盆地で一番高い山で、まだ発掘されていませんが、この山頂近くにも遺跡があります。「死者の大通り」は明らかに「月のピラミッド」の中心を通って、この山の頂上に向けて設計されています。

この町を作った権力者が命令して作らせたのでしょうが、一般人民を説得するだけの世界観、説明力があってこそ、初めてできるものだと言えます。では、それはどういうものだったのか、この三つのピラミッドと都市構造の解釈は非常に難しいものです。この時代は、メソアメリカの様々な地域で非常に高度な数学と暦の体系が作られた時です。テオティワカンに限らず世界中の古代文明で、自然の空間や時間を区切っていろいろに数値化するシステムが文明の起こりに見られます。自然の中に規則性を見つけ、特に、太陽の動き、月の動き、金星の動きをもとにした暦が作られましたが、テオティワカンでも、いろいろな天体の周期をもとにした暦の数値がピラミッドに具現化されていたことが、調査でわかってきたわけです。

まず方向軸を見ますと、空を観察し北斗七星を中心に太陽、月、天体が回っているので、そこが天の中心だということで真北を聖なる方向として位置づける文明が多いのですが、テオティワカンではなぜか町の北軸が一五度東に振れています。それはなぜか。細かな数字が出てきて面倒かもしれませんが、できるだけわかりやすく説明しましょう。

前に述べたように、この都市の南北の軸は山の頂上に向けられています

（図7）。もともと何もないところに突然町を作るぞと言われたとしましょう。まず、この山の頂上に向けて北の軸を定めるようにと言われて、それは目測で実現が可能ですが、まだ北斗七星に合わせることはできます。それでは今のずれた東西の軸はどうやって決めたか。実はこの町の東西の軸は、一年に二回、八月一二日と四月二九日に、ちょうど太陽のピラミッドの西正面に太陽が沈むように意図的に作られています。両軸が直角になるよう、そういう場所を探して、「死者の大通り」の位置が決まったのです。では、なぜ八月一二日と四月二九日かというと、この二つの日付の間の日数がちょうど二六〇日になるからです。この二六〇日というのが、メソアメリカの世界観で非常に重要な数字なのです。

メソアメリカの「時」においては、自然界のサイクルである三六五日の太陽暦と、人の妊娠期間や日食の周期に関連する二六〇日の宗教暦が最も重要な暦でした。八月一二日と四月二九日に表される二六〇日の宗教暦は、モニュメント、そして主な建造物の空間配置に組み込まれていたということが、わかってきたのです。さらにマヤの方には長期暦というのがあって、ちょうど私たちの西暦と同じように、ある時点から幾日たったという暦の計算をしていました。この長期暦では、なぜか（西暦で言えば紀元前三一一四年の）八月一二日にこの世が始まったとされ、そこから数えた日数を計算して、記録をとっていました。八月一二日は、マヤにとっても重要だったのです。メソアメリカでは、テオティワカンができ始める二〇〇年ぐらい前に最

図7　「死者の大通り」から「月のピラミッド」と「太った山」を望む。

初の日付が始まっていますが、おそらくその頃、メソアメリカ全体に、世界観の更新、新しい宇宙の捉え方が生まれ、文字通り天文学的な数の数値化が始まったと想定できます。テオティワカンでは文字が解読されていないので詳しくはわかりませんが、マヤの暦と同様、そうした天地創造説を都市設計の中に組み込んでいたと、天文考古学の研究が明らかにしています。

　空間配置についていえば、どこの古代文明でもある時期から長さの単位が作られ、建物を設計図に従って計測しながら建て始めています。テオティワカンはこれほど正確なモニュメントを作っていますから、まず間違いなく長さの単位はあったわけです。実は偶然も重なって、テオティワカンではメートル法で表せば八三センチメートルにあたる単位を使っていたというのが、「羽毛の蛇神殿」のデータからわかってきました。研究者は「テオティワカン尺（Teotihuacan Measurement Unit：TMU）」と呼びますが、八三センチというのは人の体、おそらく手を広げたときの肩（ないし心臓）から指先までの距離をもとにした単位で、世界的に他の文明でも見られるように、テオティワカンでも自分の体をもとに、外の世界を計測し始めたわけです。さらに「太陽のピラミッド」の寸法を見ますと、一辺が二一六メートルあります。これを八三センチメートルで割ると、先ほどの二六〇という数値が出てきました。「太陽のピラミッド」だけでなく、他の公共建造物の設計においても、この二六〇という数字が使われていることが指摘できます。**（図8）**

　一方、「月のピラミッド」は、七つの建築期があって、時代の経過ととも

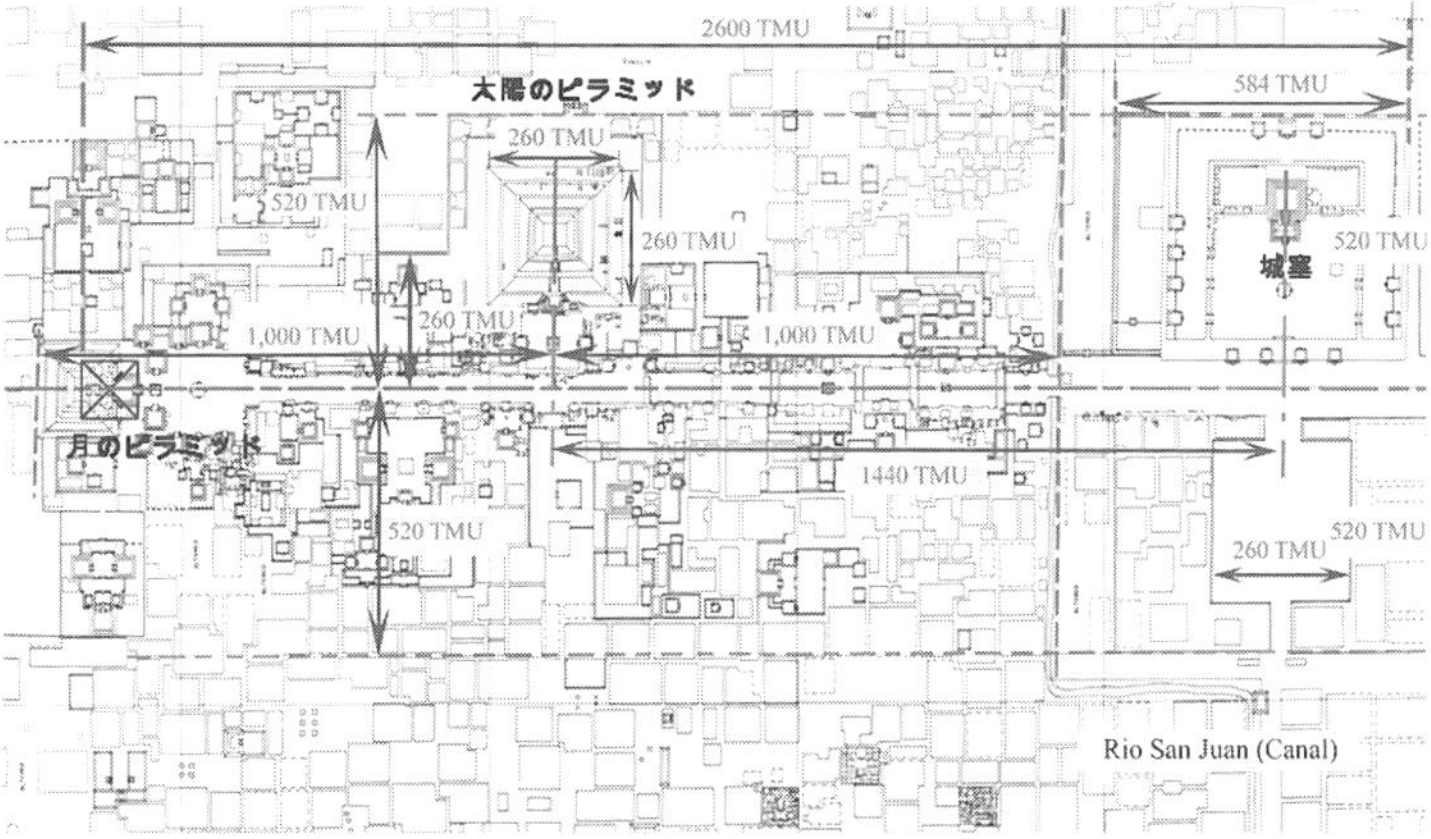

図8　テオティワカン中心地区の平面図。数値はテオティワカン尺TMU（Teotihuacan Measurement Unit、八三センチメートル）表示。

に少しずつ大きくなったことが発掘で明らかになったのですが、そのうち現在見られる都市設計の時に相当するのが四期のピラミッドです。「太陽のピラミッド」と同じ時代です。その一辺を八三センチで割ってみると、ここでは一〇五（～一〇七）という数字が出てきます。一〇五というのは何かというと、三六五日から二六〇日を引いた数と一致します。つまり、太陽と月のピラミッドは、ちょうど一年のうち補完的な関係になるように作られたのではないかと言えます。あとで述べますように、重要なことはこの一〇五日と二六〇日の時期が、一年の中で雨期と乾期にほぼ一致していることです。また二六〇日というのは、女性が妊娠して子供が生まれるまでの周期とだいたい同じです。つまり、古代人は自然の周期、太陽暦と人のサイクル（宗教暦）が融合した聖なる都市空間を作り、その中に生きていたということが、だんだんわかってきたのです。

◎「太陽のピラミッド」と「月のピラミッド」の二元性

さらに具体的に、ピラミッドの意味を考古資料から考えてみましょう。**図9**の「太陽のピラミッド」について調査が始まったのは、一〇〇年以上前です。一九〇五年からメキシコ政府の大規模な発掘調査が行われて今の形になったのですが、それ以来いろいろな石彫の残骸が周りからもたくさん出ています。テオティワカンは、今では見るからに石造の都市だったように見え

図9　太陽のピラミッド。

ますが、当時、石は全く見えず漆喰で被われた大都市で、ちょうどコンクリートで固められた現代都市のような景観で、漆喰の白と極彩色、特に真っ赤に塗られた聖都市だったのです。そしてピラミッドなどには、たくさんの石彫が刻み込まれていました。ピラミッド頂上にあったと思われる神殿、もしくは神や神官（王）などの像は破壊され、今では完全な形では残っていませんが、周辺から見つかっている石彫の残骸がヒントを与えてくれます。たとえば、「太陽のピラミッド」周辺では、宗教暦の儀式にかかわる石彫がたくさん発見されています。ここでは二六〇日暦による「新しい火（時代）」を祝う儀式が行われていたと想像できます。またその他の石彫残骸から、おそらく「太陽のピラミッド」は、太陽、熱、火、乾季、男性、ジャガー（地下界をさまよう太陽）を象徴していたと考えられます（**図10**）。つい最近も、このピラミッド頂上に開けた試掘抗から、大きな「火の神」の像が出土し、話題となりました。

メキシコは、今もそうですが、雨季と乾季の差が非常にはっきりしています。基本的に日本で感じられるような四季はありません。だいたい五月の初めから八月くらいまで集中的に雨が降る雨季と、九月から四月の終わりくらいまで続く乾季の差がはっきりしており、結論から言うと「太陽のピラミッド」は乾季、「月のピラミッド」は雨季という二元性を表していると、現在私は考えています。**図11**が「月のピラミッド」で、ここを総合的に五、六年かけて調査をしたのですが、後で述べるように、考古学・建築のデータか

図10　「太陽のピラミッド」前で出土したジャガー石彫。

ら、「月のピラミッド」は「太陽のピラミッド」と対照的に水にかかわるもの、つまり雨、大地、豊穣、もしくは女性、そしておそらく月を象徴していると言えます。

こういった区分けは、どのように作られたのでしょうか。古代人による何世代にもわたる天体観測によって創り出された世界観と言えます。北回帰線より南にあるテオティワカンでは、太陽は夏の間は北に寄ったほうから出て、天頂より北の天界を移動します。夏至の六月二一日には一番北の端に行きますが、メキシコではその頃が一年で最も雨が強いときです。つまり太陽が北を移動している時期が雨季であり、したがって、町の北にある「月のピラミッド」がその雨季を象徴していたのです。それに対する南には、非常に厳しい乾季を象徴する「太陽のピラミッド」。この二つのピラミッドの意味は、このような大自然の二元性、そしてその基盤となった宇宙観をあらわしていたと言えると思います。なぜそんな二元性にこだわったのでしょうか。それはこの対峙が、後に触れる動植物とのかかわり、特にトウモロコシ栽培に重要だったからです。

◎墓は語る

その前に、考古資料をとおしてピラミッドの意味をさらに類推してみましょう。「月のピラミッド」の中からはいろいろなものがたくさん発見され

図11 二〇〇四年「月のピラミッド」発掘時。下段（トタン屋根部分）、中段、上段の調査用トンネルの入り口が見える。

て、非常に複雑なシンボル体系が読み取れるのですが、その中で最も中心となる遺物が**図13**の女性の像でした。胸があって、下腹部に女性の性器をあらわす線があり、間違いなく女性の像なのですが、これが他の男性像や戦争・生贄をあらわす多量の奉納品群の中央に立った状態で発見され、「月のピラミッド」自体が女性、そして豊饒を主に象徴していたと示唆しています。

さらに、そのピラミッド周辺でも女性の水の神が出ています。現在テオティワカンで出土している遺物の中で最も大きな石彫が「水の女神」像ですが、これが「月のピラミッド」西斜面で発見されています（**図14**）。また「月の広場」中央付近に現在も置いてある、かなり破壊のひどい石彫も「水の女神」です。したがって総合的に判断すると、「月のピラミッド」は、雨、水、豊饒、大地、女性、そしておそらく月を象徴していたのではないか、と言えるわけです。

「月のピラミッド」内部では、異なった種類の墓が五基発見され、生贄体などもたくさん含まれていて、胴体を伴わない頭骨だけ一七個集めた墓も出ています。それと合致しない、頭を切られた胴体だけの墓も、手を縛られた状態で一〇体（プラス完全人骨が二体）、別の場所から出土しています（**図15**）。打ち首にされた頭は、アステカ神話によると、月の満ち欠けに関係すると言われています。そのほかに動物も生贄にされ、ワシ、ピューマ、ジャガー、オオカミ、ガラガラヘビなど、自然界で最も強い動物たちがピラミッド内部に合計で五〇体以上埋葬されていました。ピラミッドにパワーを与

図12 「死者の大通り」の奥に「月のピラミッド」（左端）と「太陽のピラミッド」（右）。

え、権力を象徴するため奉納されたと、私たちは考えています。副葬品も、普通の住居では全く見られない豪華品がたくさん出土しています。これだけのものを作ることは、やはり小さな集団には不可能です。ピラミッド作りのための労働者だけでなく、黒曜石、翡翠、貝製品、土器作りの専門職の人たちがこの新しい世界観を具現化するために、何年も働いて、こういうモニュメントを作っていたわけです。

三つ目の大きなピラミッド、「羽毛の蛇神殿」でも、私たちは一九八〇年代から調査しています。これも同じ三世紀初めの建造物です。ここからは一三七体の生贄体が出土し、戦士の集団埋葬墓だったとわかりました（**図16**）。こういう埋葬墓でも、やはりユニークな世界観をあらわすため、日付や暦の日数を示す数だけ人々が選ばれて生贄にされていまし

図13 埋葬墓から出土した蛇紋石の石彫。

図14 「水の女神」像。

図15 「月のピラミッド」埋葬体の平面図。

た。この骨の化学分析をして、テオティワカン人だけではなく、むしろ外から連れてきた捕虜か、もしくはいろいろな地方から来た人たちが生贄にされたということもわかっています。

ちなみに、今までテオティワカンでは王墓というのは見つからなかったのですが、初めて王またはトップリーダーたちの墓が出てきそうな調査を、現在メキシコ政府の研究所が行っているところです。この「羽毛の蛇神殿」の前で大きな穴が偶然見つかり、その下一五メートルの深さに、岩盤を掘り抜いた古代トンネルがあることがわかりました。トンネルはそこから神殿の中心部下に向かって一〇〇メートほど水平に続いており、今まさにその一番奥を発掘中です。すでに豪華な副葬品が大量に出土しており、突出した人物の遺体が見つかれば、テオティワカンで初めての王墓になります。これだけの大都市ですので、誰かコントロールした人がいたわけですから、その政治組織について、ようやく実証的に議論できるようになるかもしれません。二〇一五年の暮にはその調査実態もわかると思います。

◎古代人の交流——物を集めるネットワーク

古代人の都市生活を少し見てみましょう。大都市を支えていたのは当然、豊富な食料源です。メキシコ・中米地域は、世界的に見ても環境が多様であり、動植物の多様性という面では突出した地域です。こういった自然環境の

図16 「羽毛の蛇神殿」出土の生贄体。

中で、多民族が作った都市テオティワカンは、どのようにして食料を賄っていたのでしょうか。メソアメリカではそもそも紀元前五〇〇〇年、ものによっては紀元前七〇〇〇年ぐらい前から、いろいろな作物が栽培化され始めました。栽培作物が直接テオティワカンを作った要因ではありませんが、基盤となっています。オルメカ遺跡でも栽培化はすでに進んでおり、その多様な環境を反映した栽培植物のバリエーションは、世界的に見てもトップクラスです。メソアメリカでは、主食であるトウモロコシやインゲン豆、カボチャの他にも、トマト、アグアカテ（アボカド）、チレ唐辛子、タバコ、チョコレートのもとであるカカオ等、皆この地方で初めて栽培化された作物です。それが一六世紀のスペイン征服後、ヨーロッパに渡り、その後日本にも入ってきています。こうした多種類の栽培種が文明の基盤を作り、人が集まる宗教センターにも集積したわけです。それも周辺の盆地だけではなくて、広くメソアメリカの遠隔地からも特産物として集まり、この交易を担当した商人集団もまず間違いなくいたと考えられます。

それだけのものを集めるネットワークは、どのようにもたらされたのか。それはもともとあったものではなくて、人を集める力、おそらく宗教力がもたらした結果だと考えています。遠隔地から運び込まれた刺激的な外来品もあったでしょうし、都会でしか手に入らない貴重品を地元の村々に持ち帰った人もいるでしょう。それらの交易システム、言語の枠を超えた市場の拡大も、求心力のある宗教力、そして人とモノを集める政治権力がなければ機能しなかったでしょう。

集まったのは、人とモノだけではありません。いろいろな動物も遠くから運ばれ、遺物や壁画にも、たくさん出てきます。「月のピラミッド」内部でも、どう猛な動物が生贄にされたり、生き埋めにされていました。メキシコ中央高原だけでなく、メソアメリカ全土から集められた聖なる動物たちです。誰かが、自然界の最強パワー群団をピラミッドに封じ込めたのです。蝶なども、昆虫ですから骨は出てきませんが、戦士の魂の象徴としてたくさん出てきます。また貝類など海からのものもたくさんこの中央高原に届いています。太平洋岸、メキシコ湾岸、カリブ海から別々に持ち込まれた貝を組み合わせたペンダントなども、ピラミッド内部で生贄にされた戦士が付けていました。戦士の象徴であり、テオティワカンが強い軍事国家だったことを匂わせるデータです。

◎文明の確立から崩壊へ――伝わり、つながる文明の諸要素

食料源として、メソアメリカには家畜が非常に少ないと言われていますが、犬と七面鳥がいます。さらに周りにいる多様な小動物、自然資源もうまく利用しており、必ずしも家畜化まではしていませんが、祭りや儀式のときにだけ捕っていた動物もいたようです。テオティワカンで食べられていた動物骨の内訳を調べると、家畜化されている犬と七面鳥は二〇%にも足りませ

ん。しかし動物性タンパク質は、ほかのいろいろな野生動物から摂っています。これは広く自然を理解し、特定の動物をコントロールして、枯渇させない有効な資源利用をしていたことを示しています。鹿は世界でも一番おいしい肉と言われていますが、この鹿もうまく枯渇しないように捕って利用していたと、マヤなどの古文書に記されています。つまり、こういった自然界への鋭い観察力・知識を持ち、そして動物――単に食べるだけではなくて、特に重要な象徴的な意味を持つもの――とのかかわり合いを深めていったわけです。

こうした知識、特に天文学や暦学などの専門知識が、最終的にどういうふうに伝達されたかというと、主に口承、絵、シンボル、そしてやはり文字です。学校も当然あったと考えられます。テオティワカンの文字は前述したようにまだ解読されていませんが、文字のはしりのようなものが出ています。**図17**はそれが実際に壁や床に書かれていた文字群ですが、いわゆる絵文字もテオティワカンで初めて確立されたわけです。数字についても、メソアメリカで一番古いものはマヤやオアハカ、太平洋岸、少し遅れてテオティワカンにも出てきます。ただメキシコ中央高原では、ここテオティワカンの発明であり、このシステムによっていろいろな情報が都市内で共有され、伝播していったと言えます。

ただしここで文字というと単一の言語を想像しますが、そうではありません。私は、テオティワカンというのは、現代都市の始まりというふうに捉えています。すなわち、本質的に多民族によって成り立っている階層社会です。いろんな言語が話されていて、出入りの激しい都市だったのではないか。非常に乱暴な言い方ですが、テオティワカンというのは現代アメリカでいうと、文化の中心ボストン、経済の中心ニューヨーク、政治の中心ワシントンＤＣ、新しい技術・コミュニケーション・映像のロサンゼルス、そして宇宙を探るＮＡＳＡの機能が一緒に集まっていた、原初の、しかし物質的にまだプリミティブな都市だったのではないか。人口一〇万人レベルと言いましたが、多くの住民たちは農業に従事していません。トップリーダー集団以下、儀式や政治業務に従事する人、様々な生産・流通の分担作業者や専門家集団が、家族・親族のつながりで共同生活を送っていたのでしょう。第一章でカーストの話が出ましたが、テオティワカンもいろいろな階層、職能の人たちがい

図17
「テオティワカンのシンボル・文字群の一部。（ラングリー（一九八七）による）

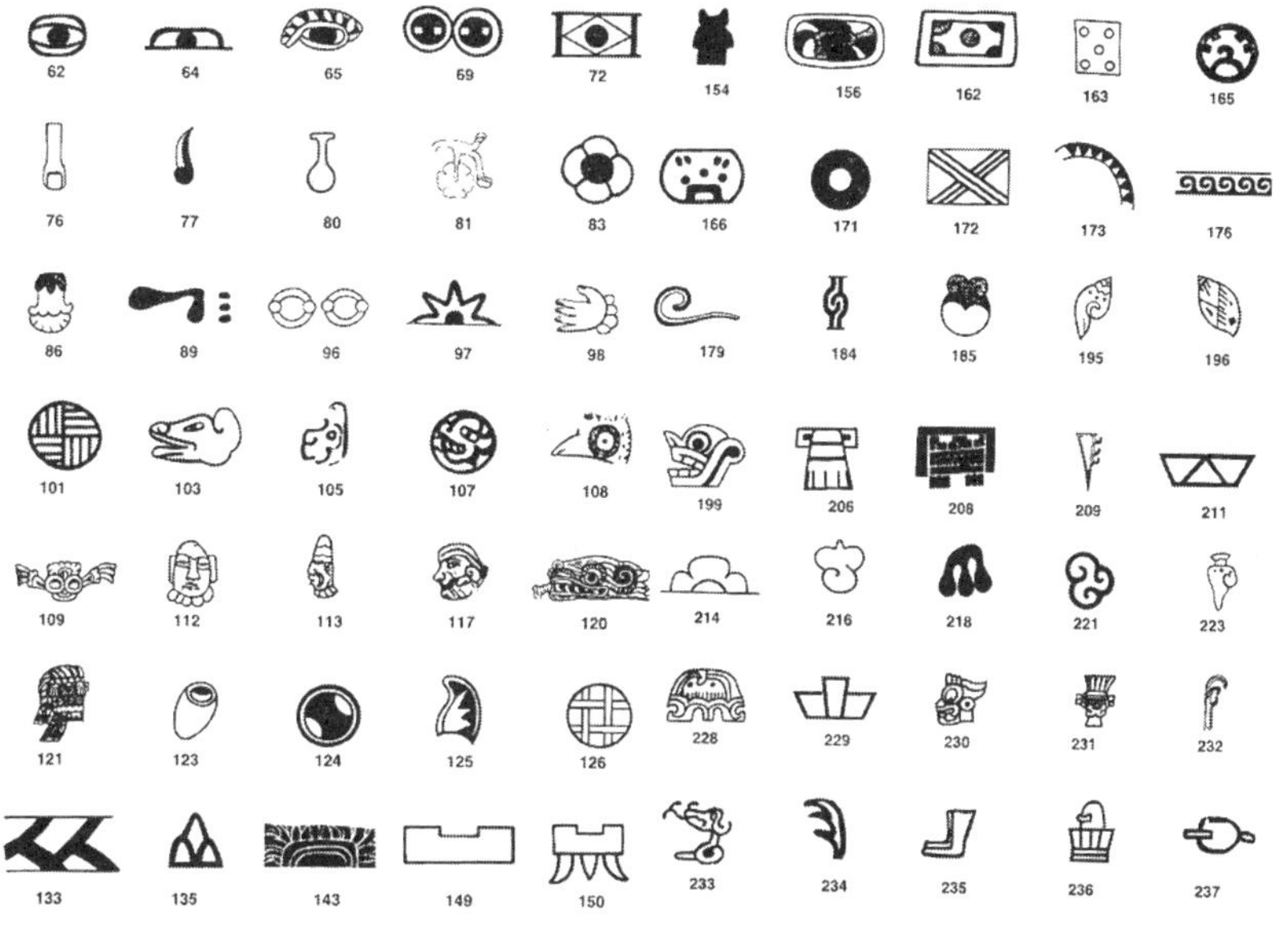

て、その人たちが高い技術力を発展させ、生活を営んでいた。肝心なのは、それを機能させていたのが、秩序だった政治・社会組織とコミュニケーション、そしてそれを支える共通の思想だったということです。それだけの人間がいろいろなアイデアを持って混雑した都市空間に一緒に住んで、いろいろな新しいモノ・人間関係を創り出す人類の英知、それがああいう魅力的な、地方から住みに行きたくなる古代都市を発展させていたのだと思います。

第一章では、城壁の意味、あるいは都市と戦争というテーマの考察がありました。実はテオティワカンには、ヨーロッパに見られるような城壁はありません。しかし、前に述べたように、考古資料からは、軍事的な色彩の強い国家だったということが示唆されています。このあたりが、インダス文明の解釈と違うところですが、聖なる戦いという形で図像にも出ており、武器も初めから結構出ています。もっとも、実際にどれほど戦ったかわかりませんが。そして、この大都市の崩壊は自然環境の変化によると言われていたこともありますが、まず間違いなく戦いによるものです（図18）。最後の建物の場所からも焼け跡がたくさん出ています。残念ながら戦争は、現在まで続く、人類史の一大文化要素です。しかし、文明の崩壊というのは、それまでのものがすっかり無くなっていくというものではありません。いろいろな要素は伝わっていきます。崩壊したのは特定の集団の政治体制であり、その政治を支えていた権力構造と、そのシンボル体系です。政治組織が一つ壊れ、また別の政治体制が生まれていく。そうした中で、文明の諸要素というのはつながっていくということも、考えるべきことでしょう。人類が長年かけて創り上げた英知というものは、簡単には捨てていません。私たちはその知識を土台に、さらに進化した思想、科学技術、社会組織を作り続けています。それが厳しい環境の中でも機能してきた、人類が生存するための最大の武器だったからです。

コンピューターやネットワークの技術革命により世界がひとつになり、ますます頭脳プレーの重要性が指摘されている昨今です。古代都市の起源を探っていくと、その初期から同様な頭脳プレーがすでに機能しており、その英知の魅力が大都市発展に導いていったのではないかと思えてなりません。都市文明の基層には、様々な環境に柔軟に適応する人類特有の「脳力」がフルに活動しており、現代文明を築き上げたのではないかと思います。

図18 住居址から出土する戦争の重要性を示唆する遺物や壁画。

第三章

Chapter 3

水都ヴェネツィア：交易都市から文化都市へ

陣内秀信

◎水と共生する町、ヴェネツィア

第一章ではインダスの中央集権的な国家というイメージが覆され、第二章では都市文明の基層としての「知識」という魅力的な視点とともに、文明の諸要素が時代を超えてつながっていくことが示されました。古代から現代まで、都市はさまざまに変容し、意味を変えてきました。第三章では現代のヴェネツィアを舞台に、都市は一体なぜ人間を集めるのか、その求心力と、都市のあり方、ネットワークと知識について再考し、アプローチしていきたいと思います。

ヴェネツィアは資源のない島の上にできた都市です。したがって、これを持続的に発展させ、持続的な営みをしていくためには、相当な知恵と努力が必要でした。この点は日本と非常に似ています。日本も資源のない島国で、今後どのように持続していくか、工業化時代が終わった後どうするかを考えなければなりません。経済的にも社会的にも厳しい岐路に立たされていま

図1　水と共生する世界で唯一の都市 città unica。

す。ヴェネツィアはそうした厳しい体験を何度もしてきたので、私たちはそこから大きなヒントを得られると思います。

ヴェネツィアは、**図1**のように、ラグーナ（英語で言うラグーン：潟）という非常に特殊な条件の上に成立しました。水との共生が最初から運命づけられ、それが現代の私たちの注目を浴びていますが、彼らはすでにルネサンスのころからそれを自覚していて、世界で唯一の水上都市、チッタ・デッラックァ（città dell'acqua）という、神話化したイメージを世界に発信していました（**図2**）。そうした発信をすることでさらに人を惹きつけてきたのです。実際、ここにしかない水上に成立している都市という魅力を持っているわけですが、これは大変な闘いの歴史でもありました。

ヴェネツィアは、貴重な異次元の体験をさせてくれます。近代都市が否定したものが、ここには持続しているのです。すなわち水上都市から始まってエコシティまで、近代が皆否定したこと、そのほとんど全てをヴェネツィアが体現しているのです。そして今、ヴェネツィアは、何度も危機を乗り越えてきた持続的な都市として、いわば一周遅れのトップランナーとして、近代都市を見直すキャッチテーマを示しています。

図2 幾度も危機を乗り越えたサステイナブル都市には、近代都市が否定したものが豊かに存続する。

◎逆・中央集権的構造都市
——複雑に交差する水と陸のネットワーク

第一章でも述べられたように、中央集権的な構造というのが、都市文明のイメージの第一にあります。こうしたイメージは、歴史的には一九世紀ごろのヨーロッパから出てきたものですが、このヴェネツィアは、それとは全く逆のモデルではないかと思います。第二章で宗教的な計画都市が見事に作られた様子が述べられましたが、ヴェネツィアはその点ではどうなのか。ヴェネツィアには強力な全体性というのはなく、部分部分が積み上げられています。ラグーナは常に変化しており、そうした自然条件に柔軟に対応して、自然を制御しながら共生せざるを得ないからです。その結果、分散的構造、すなわち核がいっぱいある町になりました。しかし同時に、中心としての吸引力、国家をまとめ上げる象徴性も必要です。カナル・グランデや、二つの中心サン・マルコ広場とリアルト・マーケットの存在がこれにあたりますが、全体として見れば、小さい建物、小さい空間がたくさん連なり合ってネットワーク化した都市ができています。**図3**の上の地図は、九世紀から一一世紀くらいのヴェネツィアの想像復元図です。下が、一五〇〇年ごろ完成していくヴェネツィアの現代に通ずる基本形です。水と陸のネットワークが複雑に交差しているわけです。これは自然発生的な面が強いのですが、カナル・グ

図3 九〜一一世紀の想像復元図（上）（E.R.Trincanatoによる）と、現在のヴェネツィア（下）（A.Sarvatoriによる）。

ランデが図の逆S字型部分で、これは人工的にも考えながら整備した、半分自然、半分人工空間です。その入り口にサン・マルコ広場があり、中央にリアルト・マーケットがあります。これらが非常に計画的に配置されています。

◎都市を解読する

小さい建物に非常に魅力がある、これはヴェネツィアの最大の特徴です。それを一九四八年にヴェネツィア建築大学の教授だったトリンカナートという女性研究者が、『ヴェネツィア・ミノーレ』（小さなヴェネツィア）という本で見事に論証しました**（図4）**。二〇〇軒ぐらいのマイナーな建築ばかりを自身のスケッチで取り上げて、それがいかに環境とのコンテクストの中で見事にでき上がっているかを解き明かしました。私もこの先生のもとで勉強し、小さいところに非常に面白いロジックがある、環境とつながり街並みができている、それは水ともつながっているということを理解しました。そして、東京に戻ってきてから東京を見る方法に適用したのです。

ヴェネツィアは有機的な都市の構造を持っています。小さいスケールが連なり合い、どの部分を歩いても非常に複雑で、さまよってしまう。こうした体験もまた面白いのですが、そういう有機的な構造は、近代人が一番理解できなかったことです。車の時代、合理性や効率を考えれば、有機的構造は否

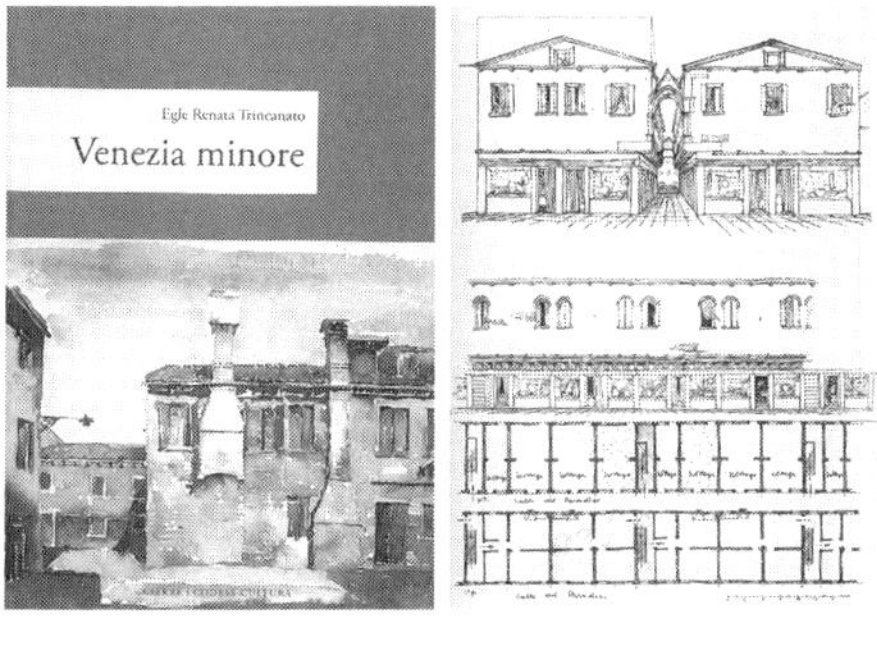

図4 エグレ・レナータ・トリンカナート著*Venezia minore*（『小さなヴェネツィア』）。

定されるべきものでした。ですから、近代の都市開発は、イタリアでさえ歴史的な街区を壊す方へ向かったわけです。それが一九五〇年代末から徐々に見直しが行われて、ヴェネツィアを解読する方法論が出てきました。サヴェリオ・ムラトーリとパオロ・マレットという人が、その方法を開拓し、私もそれをベースに研究を進めてきました。

そもそも、水から建ち上がる建築（**図5**）は、同じ低地に作られたオランダのアムステルダムでもあまり例がなく、ヴェネツィア固有です。地中に杭を打ちつけて、その上に建築するわけですから、あまり荷重をかけたくない。ですから、最初から大きな建築は目指しません。構造や素材も非常に柔軟に、木造の部分も上手に使いながら、地震でも壊れないような構造で作っています。つまり規模を最初から限定して特殊な構造を発明したのです。後述しますが、ヴェネツィア固有のこうした木の杭を使う方法は、実は古代ローマからこの地域にありました。

◎交易都市から文化都市へ

ヴェネツィアが繁栄し、人を惹きつけた最大の理由は、経済、すなわち交易（東方貿易）です。しかしそれが同時に特有の文化を生みました。オリエントのほうが当時は文化、文明のレベルがはるかに高かったですから、それをヴェネツィアはどんどん取り入れることができました。したがって、ヴェ

図5 訪ねた人々を驚かせる、水から直接立ち上がる建物。

ネツィアは西洋のオリエント都市と言えます。海洋都市の持っている国際性は重要です。都市は一元的な文化で支配されるのではなく、多文化、多言語、多民族の共存が必要です。「寛容さ」がヴェネツィアの最大の底力になっていきます。宗教的にも寛容でした。

共和制国家だった海洋都市ヴェネツィアは植民地を広げ、ビザンツ帝国の領域を越えてアレッポやアレクサンドリアをはじめイスラーム世界にも進出し、クレタ島は長くヴェネツィアの支配下にありましたし、コンスタンティノープル（イスタンブール）にも拠点がありました。ヴェネツィアの建築は一二〜一三世紀にまず大きな花を咲かせるのですが、こうした進出を背景に、ビザンティン、さらにイスラーム、アラブの影響が次々と入ってきて（**図6**）、当時のヨーロッパでは考えられない先進的な建築様式が取り入れられました。しかもそうした様式が水辺の空間に適合する形で発展し、イスラーム、アラブ世界の建築は中庭側にしか空間を開くことができませんでしたが、ヴェネツィアでは水辺の側に開放的な建築を作りました。重要なのは、マーケットです。カナル・グランデ沿いには象徴的な空間軸が作られ、リアルト・マーケットがその真ん中にできました（**図7**）。

◎オリエント志向と柔軟性

巨大な専用化したマーケット空間というのは、もともとアラブ世界、イス

図6　一二〜一三世紀に創建されたビザンティン、イスラーム様式の建物。

ラーム世界に見られたもので、ヨーロッパにはありません。つまりもともと体質的にヴェネツィアはオリエント志向の町だったと言えます。都市が人を集める最大の要因は、活発な経済的機能です。言ってみればヴェネツィア全体が港湾都市で、大運河の入り口に税関があり、そこから積み荷を乗せた小舟が次々に入っていって、そして商館建築に荷揚げしました（図8）。積み荷を倉庫に一時置いておいて、関税をかけるわけです。こうしてヴェネツィア共和国は豊かな財を成し、国際都市となりました。人口の一割が外国人だったとも言われています（図9）。

ヴェネツィアは非常に多様な原理で複合的なコミュニティを形成した一方、晴れがましいシンボルもありました。中世においては七〇の教区に分かれ、非常に分散的、多角的な都市のイメージを持っていました。地区、教区ごとに広場があってコミュニティを形成し、井戸、貯水槽もそれぞれにありました。飲料水をどう確保するかが島では非常に重要でした。複雑に見える都市ですが、慣れていくと、町がどういう順番でどうできたかという秩序がよく読み解けます。ヴェネツィア人自身はこの町で迷子にはなりませんし、酔っ払って帰ったとき、グリッドでできたニュータウンのほうが自分の家がわからなくなるかもしれません。

こうして地形や自然条件に合わせて徐々に立派な都市が形成され（図10）、それぞれの建物にも、歩く人の目を楽しませるように、ワンポイントのアクセントが置かれました（図11）。内部も、オリエントからの影響を受けながら

図7　水都の象徴軸カナル・グランデ（大運河）。水に正面を向ける貴族の邸宅が並ぶ。リアルト橋の周辺に巨大なマーケット空間が形成された。

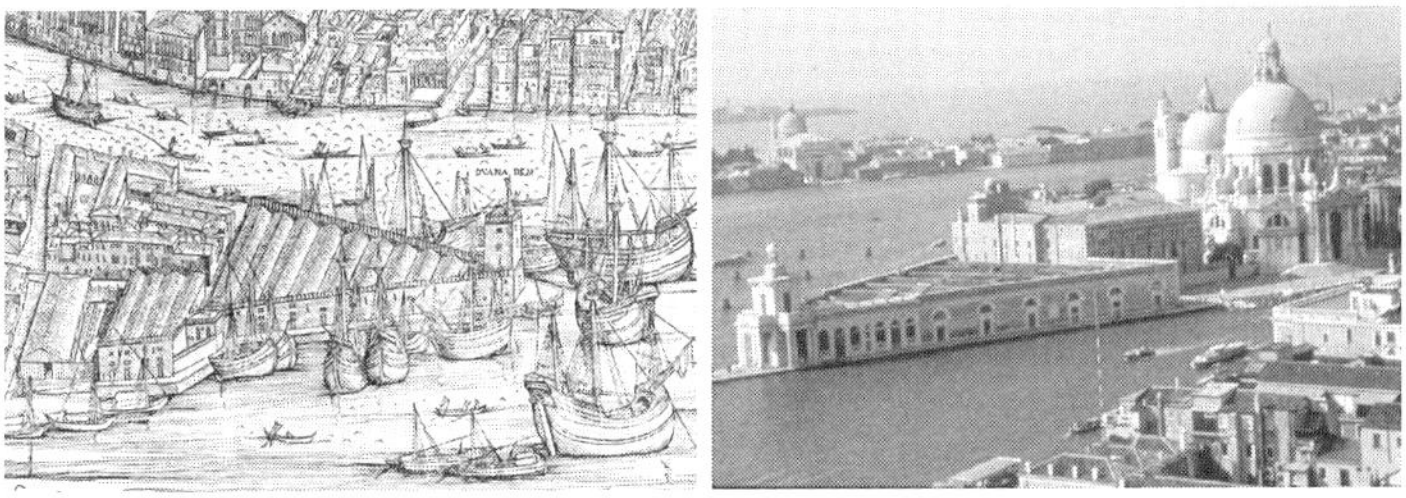

図8　港湾都市ヴェネツィア。カナル・グランデの入り口に税関があった。

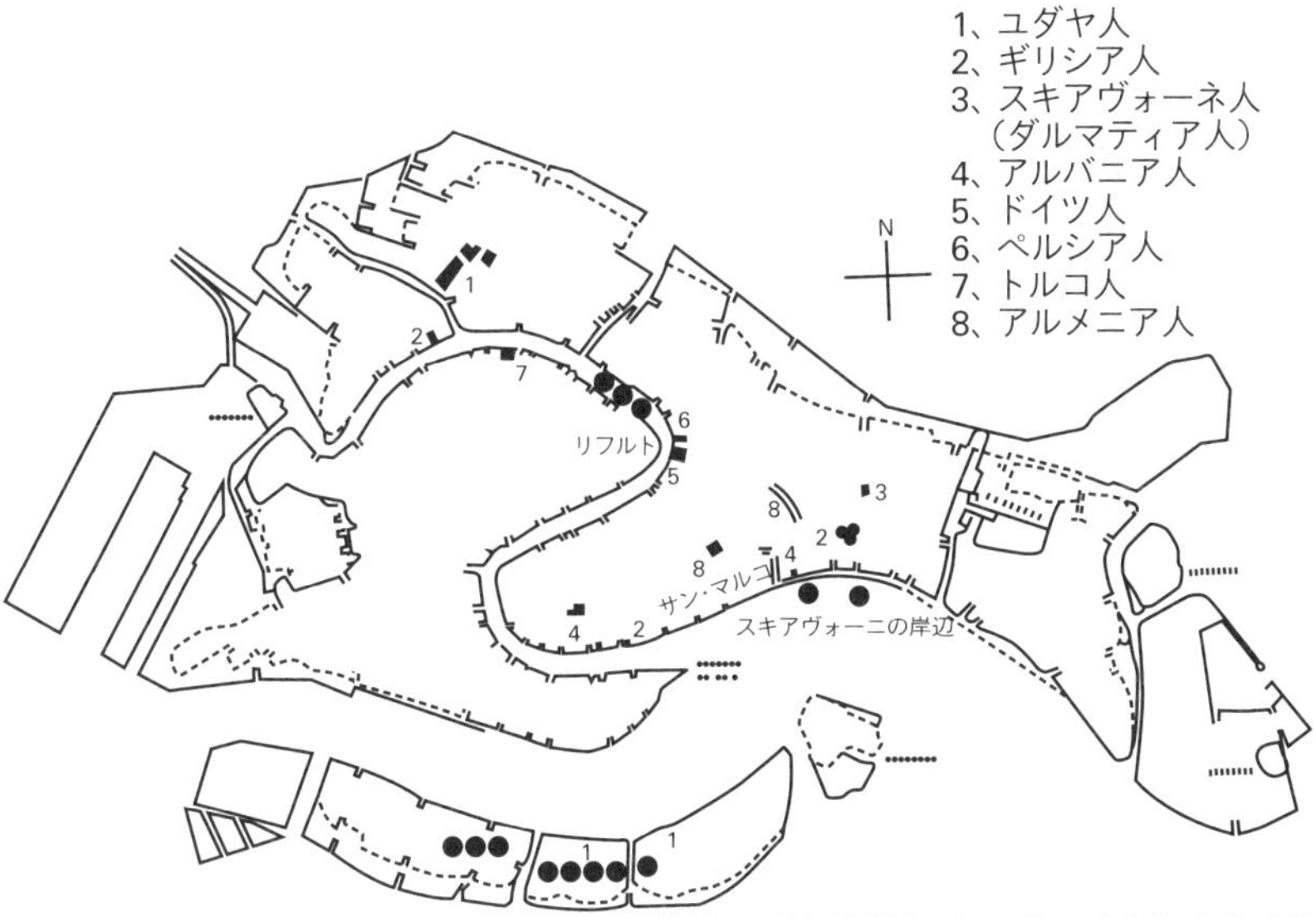

ヴェネツィア内の外国人コミュニティ　A.Salvadoriによる

図9　人口の一割が外国人とも言われた、元来の国際都市。

図10　水都ヴェネツィアの基層。複雑な空間プログラムからなる中世的空間。

ら、非常に柔軟に敷地に対応して、見事にプランニングされ、装飾が施されています。とりわけ内部に美しい居心地のいい空間を作りました。アラブと共通した、地上の楽園。水と緑を中庭に取り入れています（**図12**）。

個々の建築と同時に、世界で最も美しい広場と呼ばれたサン・マルコ広場が、早い段階から作られました。最も美しいウォーターフロントとも言われています。**図13**の下の絵は一四九〇年ごろ、北から来た画家によって描かれたものですが、上の現在とそう変わっていないことがわかります。このサン・マルコは、世界に誇るスペクタクルな空間なのですが、これは都市国家の統合装置でもあります。人々が交流する場でもあります。

◎分散的都市から統合的都市へ

さてここが重要なのですが、一五〇〇年ぐらいを境に、ヴェネツィアは価値観を変えます。それまではオリエントに目を向け、財を成し文化を取り入れ、進んだ都市文化をヨーロッパの中で先進的に作りました。しかし、時代はもうルネサンスに入っているわけです。同時に、東方貿易が少し怪しくなってきて、むしろ古代ギリシア・ローマを受け継ぎ、ルネサンスを体現するヨーロッパのオーソドックスな都市となるべく、変わっていくのです。折しもローマやフィレンツェが自由を奪われる政治状況があったので、思想家や建築家、文学者たちがヴェネツィアに皆逃げてきました。まさにアジール

図11　歩く人の目を楽しませる街角のアクセント。

図12　アラブとも共通する、水と緑を取り入れた中庭。秘められた小宇宙。

図13　世界で最も美しい広場と呼ばれるサン・マルコ広場。下は一五世紀末の景観画（E・レヴィック）。

でした。

この時代、ヴェネツィアは自らをヨーロッパ的な原理に作り変え、経済基盤も、新たな大陸経営によって農業、手工業、今日的に言えばファッション業界、そして文化産業へと変えていきます。サン・マルコ広場のイメージも変わります。一六世紀には共和国の統合が重要なテーマになり、分散的な都市から統合的な都市へとシフトすることで、サン・マルコ広場の中心性が強まります(**図14**)。ここでは頻繁にイベントが行われ、劇場的な性格を持ち、画家がここを描き、世界の人々を惹きつけるようになります。ここでは非常に祝祭的な演劇が発達し、舞台も作られます。路上のパフォーマーもいます。貴族たちは、コンパニア・デッラ・カルツァ(Compagnia della Calza)という演劇を組織する団体を作り、文化的なイメージを高めました。

そのステージ性は海のほうまで広がります。水上も**図15**のような華やかなステージに変わっていきます。カナル・グランデの意味も変わります。もともとカナル・グランデには荷を積んだ東方貿易の船がどんどん入ってきて、それに面する館の貴族たちは冒険的スピリットを持っていました。それがこの時代になると、徐々に安定志向になり、大陸で農業を経営し、文化産業を営み、社交に努め、ヴェネツィアはどこにも従属しないというバランス外交を実に巧みに操りました。そういう舞台として邸宅が利用されます。共和国が賓客を呼ぶ際には、プライベートな邸宅や別荘が宿泊場になり、劇場や広場がもてなしのスペクタクルを行える場になりました。カナル・グランデも

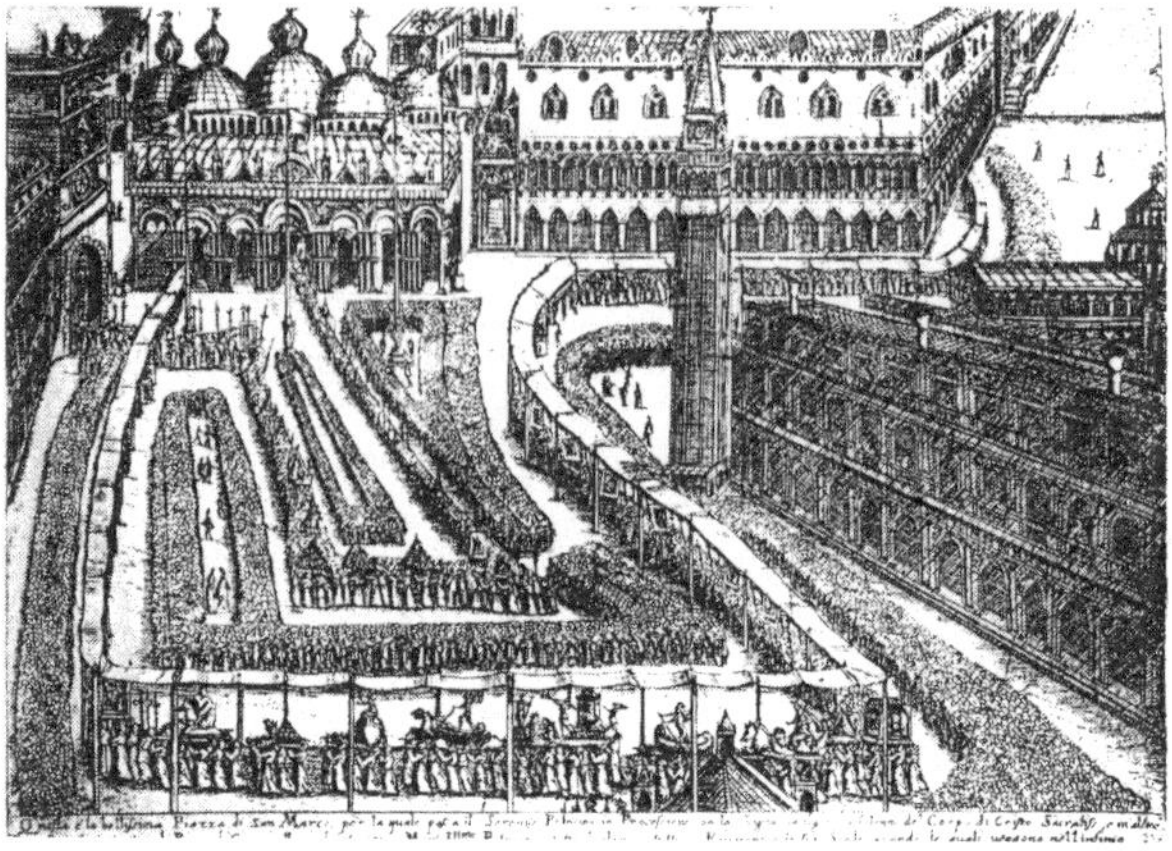

図14 一六世紀には共和国の統合が都市構造にも現れ、サン・マルコ広場の中心性が強まる(G・フランコ 一六一〇年)。

そうした場になります。

中世には税関がカナル・グランデの入り口にできていたのですが、これが一八世紀に見事に格好いい建築に変わります。この税関は現在、安藤忠雄さんの設計で現代美術館になっています。劇場ではオペラが上演され、ヴェネツィアはフィレンツェと並んで最先端の劇場都市になりました。このように、経済基盤も文化にシフトしていったのです。

◎なぜ都市に人が集まるか

広場も中世にはただオープンスペースでしたが、徐々に立派な、アーバンデザインの劇場空間に変わったわけです。そういうところで頻繁に演劇や催し物が行われ、多くの人々が訪れるようになっていきます。

この国際文化都市のスピリットというのは、ヴェネツィアがナポレオンに征服されて共和国が終わっても出現します。実際、一九世紀末にはビエンナーレ（biennale　二年に一度開かれる美術展覧会）が始まり、日本館もこの中にあって、日本の建築や美術はヴェネツィア・ビエンナーレを通じて世界に知られていきました（**図16**）。小さい都市に、世界中の文化人、知識人、アーティスト、建築家が集まり、まさに交流の場として今なお意味を高めています。

こうした近代の文化的変容に伴って、館の幾つかはホテルに転用されま

図15　演劇的な舞台性は水上へも広がっていく。
（上）カナレット　一八世紀
（下）撮影：樋渡彩

す。その前に、一九三〇年ごろから、テラスがつくようになります（図17）。船着き場だったところを拡大して、朝食がゆったりとれる水辺のテラスに変えていく。ヴェネツィアの有機的、多角的な都市の空間を活かし、ビエンナーレがあちこちにギャラリーを分散して展開するようになりました。ジャルディーノという東の一角に集中するのではなくて、ヴェネツィアの町中全部をビエンナーレの会場にしようというスピリットが今あらわれています。

◎城壁の無い町

ところで、第一章でも第二章でも、都市と城壁が話題になりました。中世以降に築かれたヨーロッパの都市の場合、市壁、城壁がないところのほうが珍しいでしょうが、その点、ヴェネツィアは非常に不思議なところです。ラグーナの自然特性については本章のあちこちで触れますが、とにかく浅瀬で、運河、水の流れのあるところだけが船が航行できる。しかしその場所は外部の人にはわからないので、攻め込もうとするとすぐ座礁してしまう。したがってラグーナ内は安定していて、城壁にあたるところはアドリア海とラグーナの間に横たわる細長

図16　ビエンナーレのパビリオン配置（作成：樋渡彩）。

い島、リド島のあたりで、そこが外と内の境界線です。例えば外から国賓が来る場合は、そこまで出迎えに行く。フィレンツェでもどこでも、普通は外から国賓が来ると城門のところまで迎えに行きますから、その点、ヴェネツィアにとってのテリトリーの境はリド島のあたりなのですね。しかし面白いのは、広大なラグーナの持つアンビバレント（両義的）な、外のような内のような性格です。普通のヨーロッパの都市ですと、厄介者は全部境界の外へ押し出します。例えば火事を起こすもとになるガラス工場とか、伝染病院とか。しかしヴェネツィアの場合、そうしたものが町のテリトリーの中にありました。ところがそこをオーストリアが支配すると、一生懸命ラグーナの中に要塞を作ったのです。ヴェネツィアの本質をわかってないというか、いわば陸の軍事的発想ですね。

とはいえ、ヴェネツィア自身が東に進出して植民都市を作ると、これまた一生懸命城塞都市を作ります。クレタ島とかペロポネソス半島にそうした場所がたくさんあります。そういう意味で、ヴェネツィア人は城塞を作る能力も持っていたけれども、自分のところでは作る必要を感じていなかったという、ヨーロッパにあって大変特殊なところです。

◎都市モデル再考

さて、ヴェネツィアの歴史的特性を振り返ったところで、本書のテーマに

図17　カナル・グランデ沿いのホテルに設けられた水上テラス。

かかわる都市モデルの再考へと話を転じましょう。

イタリア語で歴史的街区のことをチェントロ・ストーリコ（centro storico）と呼びます。イタリアでは一九五〇年代、都市の保存と開発にかかわる議論が徐々に高まり、一九六〇年にはチェントロ・ストーリコを大切にしようという考え方が確立されます。都市の近代化を反省して、どの都市でも歴史的街区の保存がテーマになり、七〇年代にはその再生の動きが生まれます。イタリアの都市が見事によみがえっていくのですが、八〇年代には、大変重要な動きとして、保存と再生の目が周辺の農村、田園にまで向けられるようになります。都市とその周辺に広がる地域（テリトーリオ）の有機的な関係を再評価する必要が認識されてきたのです**（図18）**。大きな都市を支えた食料の供給やネットワークについては第二章でも議論されましたが、それと同じようなことは、ヴェネツィア共和国のテリトーリオの中でもありました。私はそれに注目して、最近、ヴェネツィアを新しい視点で研究しています。

図18の地図は、ヴェネツィアとその周辺の関係を非常によくあらわしています。本土には川が何本も流れ、右真ん中ほどにトレヴィーゾという町があります。これらの川が注ぎ込んで土砂を堆積し、一方、アドリア海の波が打ちつけるのでラグーナができます。ところが、そのままだと土砂が運ばれて埋まってしまい、疫病が発生しやすくなるので、川をつけかえて外へ流し、ラグーナの安定を図りました。常にこうした事業を行いながら、ヴェネ

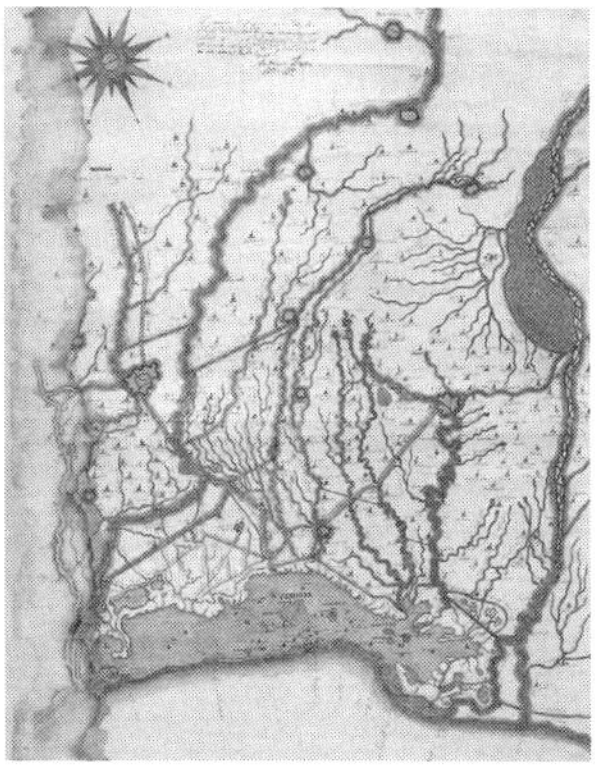

図18 都市とその周辺に広がるテリトーリオ（地域）の有機的関係の再評価。一八世紀のヴェネトを示した地図の中に、その関係が読み取れる（一七〇九年、アントニオ・ヴェストリの図）。

ツィアは守られてきました。ここに海水がどんどん入って、浄化される必要があったからです。そして、このヒンターランド（後背地）に徐々にヴェネツィアが支配を及ぼしていきます。後背地の開発は一五世紀から本格的に行われるようになり、ヴェネツィアはこの「周辺と一緒になって発展する」という構造をとってきたわけです。

イタリアにも、大都市の魅力はもちろんあります。ミラノ、ローマです。しかし、何といっても面白いのは中核都市です。大都市は工業化しました。トリノ、ミラノがその例です。しかし一九七〇年ごろ、どれもが破綻してしまいました。その次の経済基盤を支えたのが、第三のイタリアと呼ばれるもの、ボローニャなどのエミリア・ロマーニャの中規模都市、そしてヴェネトの中核都市、コモなどのロンバルディア都市です。こうした都市が頑張って、特に小規模な家族経営から始まった企業が頑張って、付加価値をつけたファッション・デザインなどで大いにイタリアの新しい産業を発展させました。これは都市が発信するものなのです。生産地はそのバックグラウンドにあります。

◎川が結ぶネットワーク

このように、八〇年代のイタリアはよみがえりました。その主役の一つがヴェネトです。私は一九九一年に一年間、再びヴェネツィアに住んだのですが、そのとき、この背後に広がるテリトーリオ（地域）に注目しました。ここにはパドヴァ、ヴェローナ、ヴィチェンツァ、トレヴィーゾなどの面白い町があり、特にトレヴィーゾ（**図19**）は面白いので、この間深く勉強してきました。長辺が一キロメートルちょっとしかない小さな町で、ヴェネツィアと船でつながっていました。ヴェネツィアはラグーナに浮かぶ小さい島で、水力エネルギーを使った製造産業が作りにくい。そこで例えば水車によって火薬を作るのをトレヴィーゾに依存したわけです。ヴェネツィアで増える人口を支えるには、小麦を水車小屋で挽いてパンにしなければならず、こうした製粉なども周辺に依頼し、お互いに支え合いました。この関係を結んでいたのが、川です。**図20**は火薬の工場が都心近くにあったのが、火事になって危ないので引っ越しをさせる際のプロジェクトの図で、トレヴィーゾの文書館に保管されています。

図21のようにトレヴィーゾとヴェネツィアとはくねくねしたシーレ川でつながっています。途中は流れが急なので、馬でなく牛が引きます。牛が疲れてしまうので四か所、五か所と中継ポイントがあり、そこが小さな港になって、そこにまた独特の町ができている。支流が流れ込むところに、水流を使って水車が作られているのです。そうした状況をこの一八世紀の地図は全部示してくれています。渡し船もあります。

図19 一九世紀中頃のトレヴィーゾ。ヴェネツィアと舟運で結ばれ、水車による製粉、火薬製造などの役割を果たす。

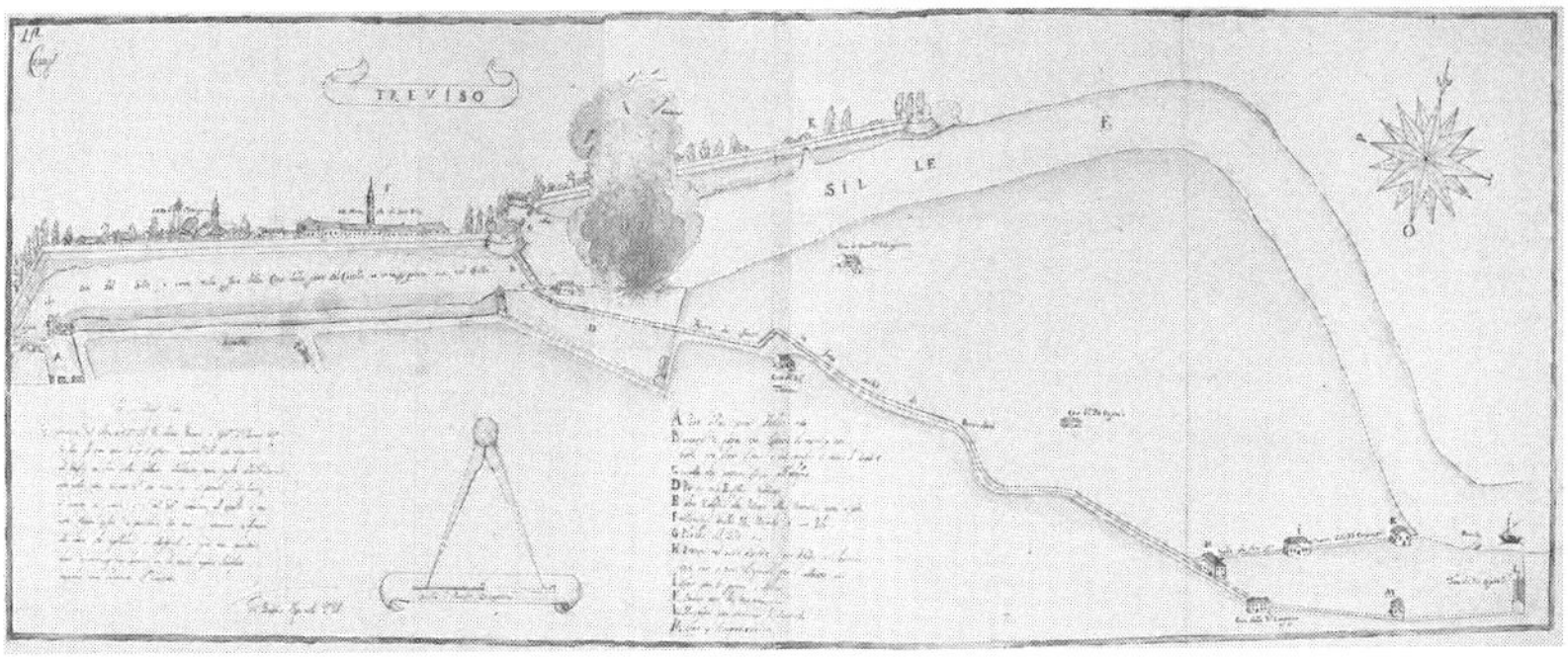

図20　火薬製造所の火災と新たな火薬製造所の敷地を示す一七世紀の絵図（トレヴィーゾ文書館蔵）。

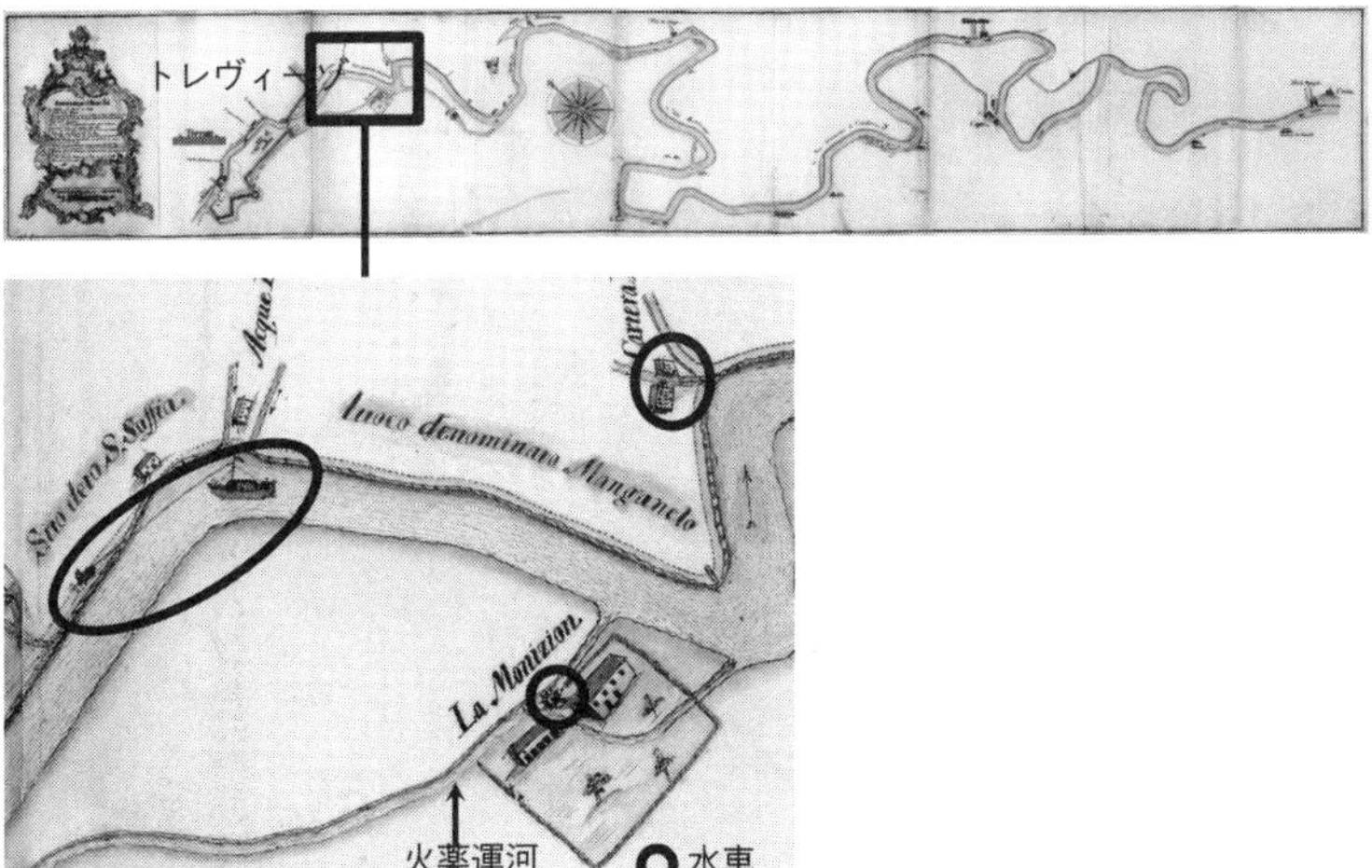

図21　ヴェネツィアとトレヴィーゾを結ぶ一八世紀のシーレ川。

図22　かつてヴェネツィア共和国の国境だったプリモラーノの税関跡。

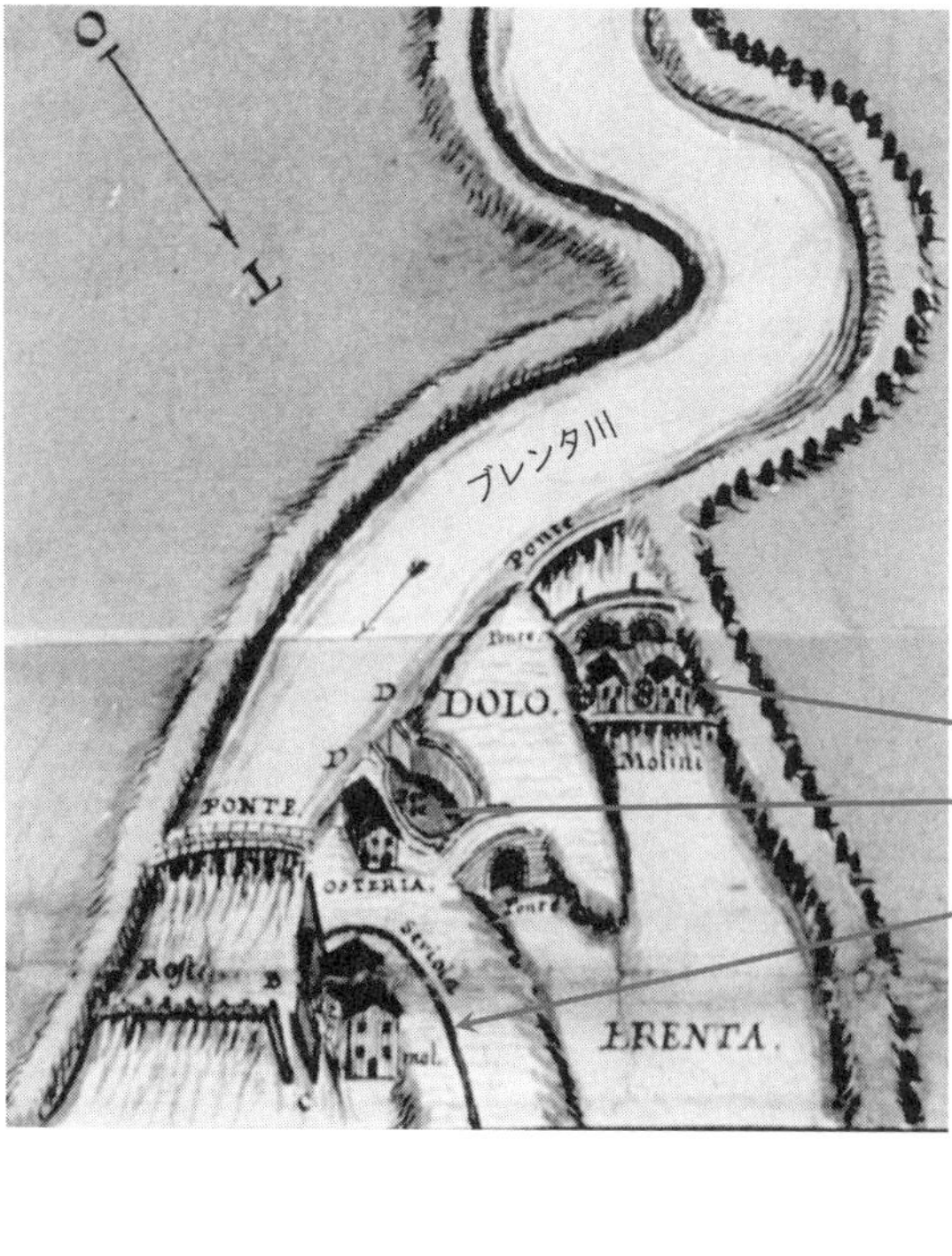
製粉所
閘門
上水道（セリオラ）
フジーナまで通っており、
フジーナからヴェネツィア
へ舟で運んでいた

図23　ヴェネツィアは水に囲われているが、飲料水の確保には悩まされる。一七世紀の絵図に描かれたる製粉所、閘門と上水道（国立ヴェネツィア文書館蔵）。

◎水車の活用

トレヴィーゾを流れるもう一つの川は、ブレンタ川です。ブレンタ川沿いにも、小さな面白い町が幾つもあります。興味深いことに、アルプスの手前のほうから木を切り出して、丸太のまま流すのです。舟運がないのでそうするのですが、水車を使った製材所があちこちにあり、今でもその遺構がかなり残っていて、私たちはそれを調査しました。グラッパというお酒で有名な、バッサーノ・デル・グラッパという町で丸太をいかだに組み、ここからは舟運が活発なところなので、舟運といかだ流しが共存する論理になっています。また、河原の石をとって石灰を作る工場があちこちにあったり、水車小屋でセラミックを作ったり、川の流域にはいろいろな産業も発達しました。

ヴェネツィア共和国の支配するプリモラーノには税関があります。国境近くの町です。ヴェネツィアを支配しているシンボルのライオンが必ずいます**(図22)**。これは支配という押しつけがましいものではなく、お互いの支え合いをあらわすものだと思っています。

いかだが到着するのはヴェネツィアの北のほうで、都市の周辺に産業ゾーンができるのは当然です。そしてもう一方、南のザッテレという岸辺にもいかだが集まります。ザッテレというのは、まさにいかだという意味です。

ブレンタ川の下流にも非常に重要な町があり、ここで舟運と水車を共存させる必要がありました。ヴェネツィア共和国のもとで行われたわけですが、ヴェネツィアの人口を支える製粉所、水車が**図23**のように作られました。ところが川をふさいでしまうと船が通れませんので、船を通すためのルートが別にできて、閘門が作られました。図はその計画図で、一六八七年に作られたものです。ヴェネツィアは水に囲まれた町ですが、飲料水は不足していました。雨水だけでは足りないので、大陸から船で持ってきていました。あるところまでは上水道で飲料水を引き、ラグーナに入るところで船に載せ替えて届けるわけです。それから、ヴェネツィアには水車が作りにくかった。つまりラグーナの水面は干満の差があるとしても少ないので、水のエネルギーを得て水車小屋を経営するためには、ある程度大陸の内側に行く必要がありました。

つまり工業の立地場所も、時代によって変わるわけです。水車、水力を利用するためには、内陸部が必要でした。ヴェネツィア貴族たちは、大陸を経営するのにヴィッラを作りました。優雅な暮らしの場であると同時に、ここで農業を営むわけです。

◎考古学調査がヴェネツィアのイメージを変える

最近、カルチュラル・ランドスケープ（文化的景観）という考え方が注目

図24 ラグーナの風景。変化する自然条件を考えつつ、人間が手を加えて作り上げた文化的景観（撮影：樋渡彩）。

されています。ユネスコや日本の文化庁も重視しているテーマです。**図24**のようにラグーナを俯瞰して見ると、そこは自然の中なのですが、全部人間が作り出した景観であることがわかります。こういうものを文化的景観と言います。つまりラグーナ全部が価値のある文化的景観であることがわかります。

一九八〇年代、ヴェネツィアの起源をめぐって論争が起きました。それまでは中世初期に異民族の侵入から逃れた人々が島の中の安全なところへ移って都市ができた、とされてきました。それに対して、地元の考古学研究者が漁師から情報を得ながらコツコツと調査を進め、中世史の大家であるヴェネツィア大学のドリーゴ教授の支持も得て、ラグーナでシステマティックな考古学調査が行われるようになりました。最近出版された研究成果によると、ラグーナの二〇〇か所ぐらいからいろいろなものが出土していて、ヴェネツィアのイメージは大きく塗り変えられました。水面は今よりも低く、古代にもそれなりに居住地があちこちにあり、それが気候の変動で上昇して水中に沈んだ。こうしたことを示す考古学の発見がたくさん出てきたのです。

当然ですが当時のラグーナの中は一様ではありません。船が通れるところは限られています。そうした水の流れに面して小さい集落が点在していたのがだんだん水位が上がって水没し、少し高い安全なところに中世の時期、修道院ができます。修道院は皆運河の近くにあります。

図25はローマ時代の川沿いの小さい港の遺構の復元図で、船が描いてあり

図25 古代の港施設の復元図（C.Ernesto による）。

ます。**図26**は石積みや木の杭がすでにローマ時代からたくさん使われていたことをあらわしています。これが、中世に本格的にヴェネツィアのカナル・グランデ沿いの建物に応用されたわけです。雨水を蓄える貯水槽も、ローマ人がすでに使っていました。第二章で、文明の継承性という話が出ましたが、ヴェネツィアと古代ローマ時代がつながっていくのです。

◎ヴェネツィアの食と産物のネットワーク

食文化とラグーナの関係もまた、興味深いものです。古い絵画史料には食べ物もたくさん描かれています。

当時の不動産台帳地図を見ると、どこでどういう農作物が作られていたかがわかります。それぞれの島で、特徴的な生産が活発に行われていました。特にサンテラズモという島は、いろいろな野菜で有名です。現在でもカルチョーフィというアーティチョーク（チョウセンアザミ）で有名ですが、ラグーナの野菜は塩分を吸うので味わいが違うのです。果物もとれて、特にブドウもたくさんできるのでワインも作っています。

塩田もありました。**図27**のように、南のほうのキオッジアという、今も漁師町として非常に活発な町がありますが、ここもヴェネツィアらしい水の都市で、ここに塩田があったことが図からわかります。塩の倉庫もあった。この町には今、塩に関するミュージアムがあります。

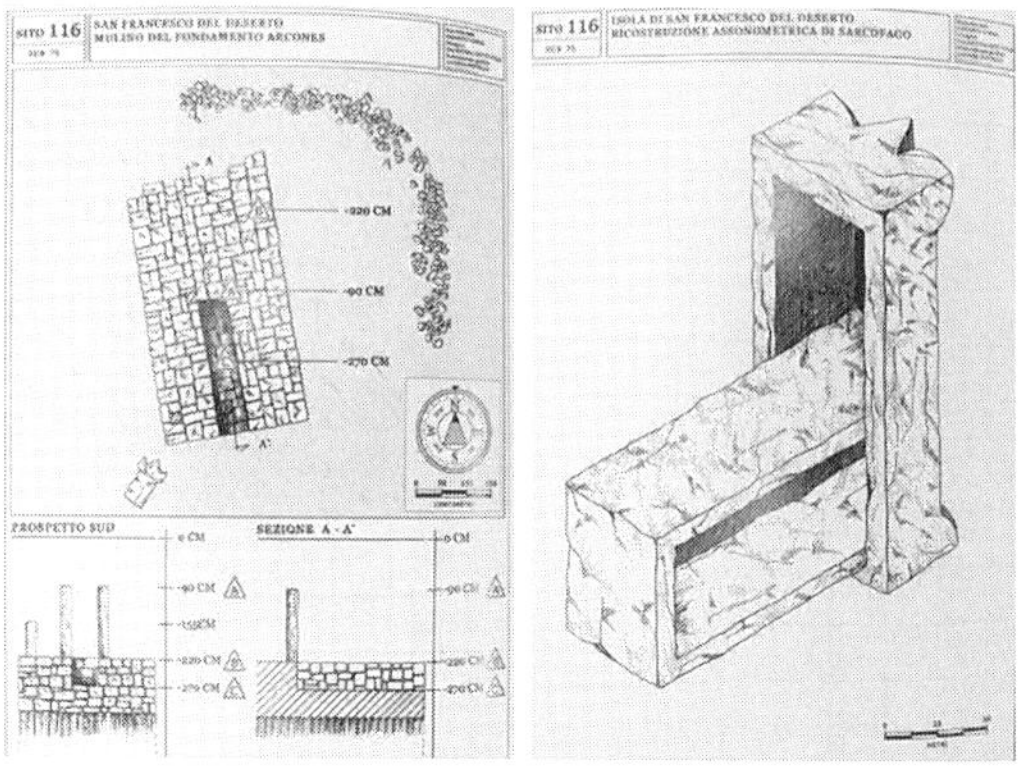

図26 古代・中世初期の石積み、木杭の遺構（C.Ernestoによる）。

◎ラグーナは自然・環境・歴史の宝庫——文化都市から環境都市へ

こうしてテリトーリオという視点で光を当てると、ラグーナが全然違って見えてくるわけです。ヴェネツィアの生活を支える食料供給には——塩も野菜も魚もカモも——全て有機的システムがあった。大陸のほうともつながって、建築資材などはいっぱい持ってきていた。それでこそヴェネツィアが成り立ち、周囲も繁栄したのです。

この間、盛んになっているのが、アグリツーリズモ（都市の居住者などが農場や農村で休暇・余暇を過ごす場所）です。アグリツーリズモは一九八〇年代からイタリアで活発になり、八五年にアグリツーリズモ法ができて、近代には無視されてきた農村地域を再生する切り札となっています。特にトスカーナなどから始まり、今イタリア中にアグリツーリズモが広がっていますが、ラグーナにも宿が二軒できています。

ヴェネツィアでは小さいボートを出してラグーナのどこへでも行ける。それがこの水都に住んでいる人たちの最大の楽しみです。かつて税関があった島の施設がリノベーションされて、とても格好の良いレストランになっています（図28右上）。一面、水に囲まれたこの島でゆっくり食事を楽しむのは最高のぜいたくです。ヴェネツィアを訪れた人がここまで来れば、これまでとは全く違う、もっとヴェネツィアらしい空間を体験できます。図の左下は

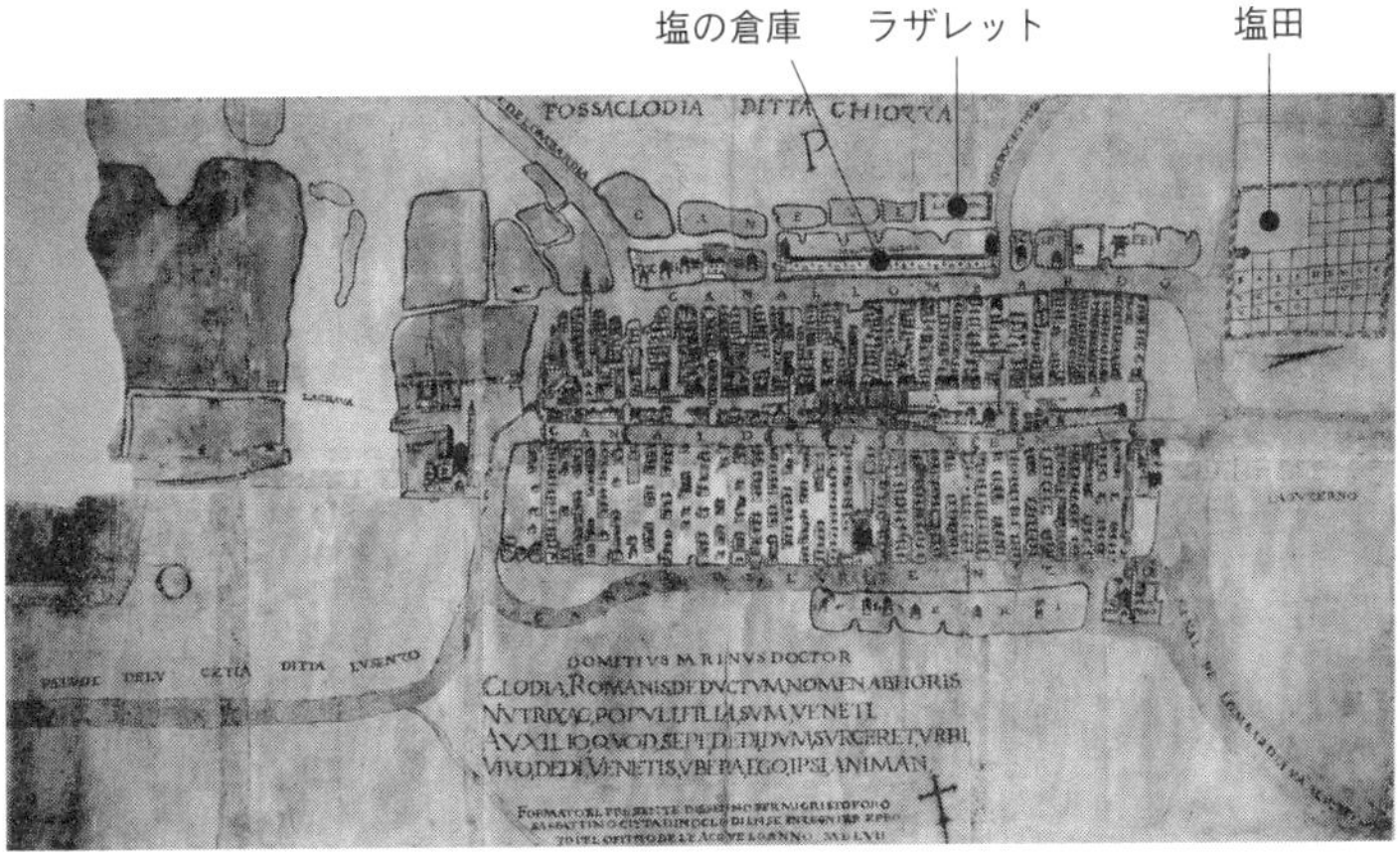

図27 一六世紀のキオッジア（クリストフォロ・サッバエィーノ画　国立ヴェネツィア文書館蔵）。

図28 ラグーナには面白いスポットが多い。レストランに転用された旧税関、サンテラズモのカルチョーフィ畑、漁師の拠点小屋、個人所有の屋敷。

個人で所有している屋敷で、船で入ることができ、養魚場もあります。そして、図右下がサンテラズモのカルチョーフィの畑で、今も農業は非常に活発です。

今まであまり注目されていなかったラグーナには、実は非常に豊かな自然、人間の営みがあって、それがヴェネツィアを支えていました。こうしたエコシステム全部、テリトーリオまで含めて都市文明の基盤を見直すことが、都市の未来を考える上で、大変重要になっているのです。

ヴェネツィアは今、文化都市から環境都市へと変わっていると言って良いでしょう。ヴェネツィア自体は観光化し過ぎて、皆うんざりしていると言っても過言ではなく、実際、そこに住む人ももう嫌になっているという面もあります。もちろんヴェネツィアには魅力があり、行けば必ず刺激がありま す。世界中の人たちと文化交流ができます。しかし、これからのヴェネツィアの魅力は、ラグーナあるいはヴェネトの川沿いや、広域地域と一緒になって成り立っていたヴェネツィアのすごさ、面白さを体験するということ、つまり、環境文化都市としての姿にあるのではないでしょうか。近代都市が否定したものが持続している環境文化都市ヴェネツィアは、都市文明を見直す視点を与えてくれると思います。

あとがき

この小冊子は、全国三一の大学出版部が加盟する、一般社団法人大学出版部協会が、京都にある大学共同利用機関法人人間文化研究機構 総合地球環境学研究所と連携して企画された市民シンポジウム「文明の基層――古代文明から持続可能な都市社会を考える」(二〇一四年五月三一日、於：千代田区立日比谷図書文化館)を基に刊行するものです。大学出版部協会から発行するブックレットの第三弾となります。

昨今、公の場で、一部の研究型大学以外は、社会に出てから役に立つ実務を中心に教えるべきだ、というようなことが語られています。

たしかに、かつての高度成長期のように経済のパイが拡大し続けた時代に比べ、現在は企業に人を育てる余裕がなく、その肩代わりとしての大学教育に期待がかかる、といった側面はあるかもしれませんが、やはり大学の機能は、そうしたものとはもっと違ったところにあるのではないでしょうか。

このブックレットの主題「文明の基層」は、まさに大学が本質的に取り組むべきことを表すのに最適なテーマなのではないかと思います。

本書のなかでは、教科書的知識として当たり前となっていた歴史の姿が鮮やかに捉え返されており、「常識」を疑い、問いを立て、厳密に検証し、そしてそれを他者がわかるように論証していくという、学問が担う不断の営みの一端が明確に表現されています。われわれが実社会を生きるにあたって身につけるべき能力はここにあって、そしてその力を使いこなすことが、現代の知識社会のさらなる発展につながるのだと思います。

専門的な知を書籍というかたちをとおして「読む」という行為につながるよう一般市民に向けて適切に媒介するという、われわれ大学出版部が担う重要な役割からすると、今回のようなブックレットのかたちで学問の良質な部分を提供できるのは、何より嬉しいことです。

読者の皆様が本書によって知的ダイナミズムを体感され、目の前に新たな世界が開ける契機となるならば、これに勝る喜びはありません。

このブックレットの刊行は、総合地球環境学研究所の協力を得て可能となりました。当研究所の皆様のご理解とご協力なしには、こうした取り組みのスムーズな実現は困難でした。ご厚誼に心から感謝申し上げます。また、本書の制作にあたっては、桃夭舎の高瀬桃子さんに原稿作成を、株式会社トーヨー企画の木村博巳さんにブックデザインをお願いしました。私たちの試みを支えていただいたお二人に御礼申し上げます。

二〇一五年六月

一般社団法人 大学出版部協会
理事長　黒田拓也

【著者紹介】

長田　俊樹（おさだ　としき）
総合地球環境学研究所名誉教授／神戸市外国語大学客員教授
神戸市生まれ。北海道大学文学部卒。北大探検部員としてインドの少数民族に出会ったのをきっかけに，1984年から6年間インドのラーンチー大学に留学し，インド少数民族のムンダ人と生活を共にしながら研究を進め，博士号（Ph.D.）を取得。帰国後はムンダ人の言語や文化に関する研究を続け，2003年から2012年まで総合地球環境学研究所教授。その間，インダス文明に関する研究プロジェクト「インダス・プロジェクト」のリーダーを務めた。
専門は言語学。未知なるものにチャレンジしたいの精神で，インド最古の民族といわれるムンダ人とインダス文明の関係を明らかにすべく研究範囲を広げ，今日に至る。
著書は，『新インド学』（角川叢書），『インダス　南アジア基層世界を探る』，『インダス文明の謎：古代文明神話を見直す』（京都大学学術出版会）など多数。

杉山　三郎（すぎやま　さぶろう）
愛知県立大学大学院特任教授／アリゾナ州立大学人類学学部教授
1952年静岡県生まれ。東京経済大学経済学部卒業。1978年から1987年までメキシコ国立人類学歴史学研究所にて考古学調査に従事。その後アメリカ合衆国マサチューセッツ州ブランダイス大学，アリゾナ州アリゾナ州立大学大学院で研究を重ね，1995年に博士号（人類学）取得。アリゾナ州立大学研究員，ハーバード大学客員教授などを歴任し，1999年より愛知県立大学助教授，教授を経て，現職に至る。
専門は中米のメソアメリカ考古学・人類学。現在古代計画都市 テオティワカンの「月のピラミッド」調査団団長。他にマヤ遺跡やアステカ大神殿など多数の遺跡で現地調査を行っている。

陣内　秀信（じんない　ひでのぶ）
法政大学デザイン工学部教授
福岡県生まれ。東京大学大学院工学系研究科博士課程修了。イタリア政府給費留学生としてヴェネツィア建築大学に留学し，ユネスコのローマ・センターで研修。パレルモ大学，トレント大学，ローマ大学にて契約教授を務めた。専門はイタリア建築史・都市史。その業績は国内外で高く評価され，地中海学会賞，イタリア共和国功労勲章（ウッフィチャーレ章），ローマ大学名誉学士号など，多数の賞を受けている。
主著は，『東京の空間人類学』（筑摩書房），『ヴェネツィア——水上の迷宮都市』（講談社），『都市と人間』（岩波書店），『シチリア——＜南＞の再発見』（淡交社），『地中海世界の都市と住居』（山川出版社）など。

文明の基層
——古代文明から持続的な都市社会を考える

2015 年 6 月 30 日　初版第 1 刷発行

著　者　長田俊樹
　　　　杉山三郎
　　　　陣内秀信

発行人　黒田拓也

発行所　一般社団法人　大学出版部協会
〒 102-0073 東京都千代田区九段北 1-14-13
メゾン萬六 403 号室
電話 03-3511-2091
FAX 03-3511-2092
URL http://www.ajup-net.com
e-mail mail@ajup-net.com
振替 00190-4-540410

発　売　一般財団法人　東京大学出版会
〒 153-0041 東京都目黒区駒場 4-5-29
電話 03-6407-1069
FAX 03-6407-1991

印刷・製本　株式会社　太洋社
装丁　株式会社　トーヨー企画
本文デザイン　株式会社　トーヨー企画

ISBN 978-4-13-003152-3